DERECHO DE LA UNIÓN EUROPEA.

TEMAS SELECTOS.

Sergio Fabián Pérez Sevilla.

DERECHO DE LA UNION EUROPEA.
TEMAS SELECTOS.

Copyright © Sergio Fabián Pérez Sevilla.

Todos los derechos reservados.

Primera Edición.

México, 2024.

INDICE

Introducción..1

Capítulo 1: Introducción al Derecho de la Unión Europea...................3
1.1 Definición y naturaleza del Derecho de la Unión Europea.
1.2 Evolución histórica de la integración europea.
1.3 Objetivos y principios fundamentales de la UE.
1.4 Fuentes del Derecho de la Unión Europea.
1.5 Relación entre el Derecho de la UE y el Derecho nacional.

Capítulo 2: Instituciones de la Unión Europea...............................11
2.1 El Parlamento Europeo: estructura y funciones.
2.2 El Consejo Europeo y el Consejo de la Unión Europea.
2.3 La Comisión Europea: composición y competencias.
2.4 El Tribunal de Justicia de la Unión Europea.
2.5 Otras instituciones y organismos de la UE.

Capítulo 3: Proceso Legislativo en la Unión Europea........................19
3.1 Procedimiento legislativo ordinario.
3.2 Procedimientos legislativos especiales.
3.3 Iniciativa legislativa ciudadana.
3.4 El papel de los parlamentos nacionales.
3.5 Relaciones interinstitucionales en el proceso legislativo.

Capítulo 4: Fuentes del Derecho de la Unión Europea.......................27
4.1 Derecho primario: Tratados fundacionales.
4.2 Derecho secundario: reglamentos, directivas, decisiones, recomendaciones y dictámenes.
4.3 Derecho derivado: actos de ejecución y delegados.
4.4 Jurisprudencia del Tribunal de Justicia de la Unión Europea.
4.5 Principios generales del Derecho de la UE.

Capítulo 5: Aplicación y Efecto del Derecho de la Unión Europea..........33
5.1 Aplicación directa e inmediata del Derecho de la UE.
5.2 Principio de primacía del Derecho de la UE.
5.3 Efecto directo y su jurisprudencia.
5.4 Responsabilidad del Estado por incumplimiento del Derecho de la UE.
5.5 Doctrina de la interpretación conforme.

Capítulo 6: Ciudadanía de la Unión Europea..................................39
6.1 Concepto y evolución de la ciudadanía europea.
6.2 Derechos fundamentales de los ciudadanos de la UE.
6.3 Libertad de circulación y residencia.
6.4 Derechos políticos y electorales.
6.5 Protección consular y diplomática.

Capítulo 7: Mercado Interior de la Unión Europea.........................47
7.1 Concepto y objetivos del mercado interior.
7.2 Libre circulación de bienes.
7.3 Libre circulación de personas, servicios y capitales.
7.4 Armonización normativa y eliminación de barreras.
7.5 Política de competencia y control de ayudas estatales.

Capítulo 8: Unión Económica y Monetaria....................................53
8.1 Historia y evolución de la Unión Económica y Monetaria.
8.2 El euro y el Sistema Europeo de Bancos Centrales.
8.3 Política monetaria y fiscal en la zona euro.
8.4 Gobernanza económica y el Pacto de Estabilidad y Crecimiento.
8.5 Crisis económicas y mecanismos de rescate.

Capítulo 9: Política Social y Empleo en la Unión Europea..................61
9.1 Principios y objetivos de la política social de la UE.
9.2 Protección de los derechos laborales y condiciones de trabajo.
9.3 Igualdad de género y no discriminación.
9.4 Políticas de inclusión social y lucha contra la pobreza.
9.5 La Estrategia Europea de Empleo.

Capítulo 10: Espacio de Libertad, Seguridad y Justicia.....................67
10.1 Cooperación judicial en materia civil y penal.
10.2 Espacio Schengen y control de fronteras.
10.3 Asilo y migración en la UE.
10.4 Lucha contra el crimen organizado y el terrorismo.
10.5 Derechos fundamentales en el Espacio de Libertad, Seguridad y Justicia.

Capítulo 11: Política Exterior y de Seguridad Común......................73
11.1 Objetivos y principios de la PESC.
11.2 Instituciones y actores en la PESC.
11.3 Política de seguridad y defensa común.
11.4 Relaciones exteriores y diplomacia de la UE.
11.5 Misiones y operaciones de la PESC.

INDICE

Introducción..1

Capítulo 1: Introducción al Derecho de la Unión Europea..................3
1.1 Definición y naturaleza del Derecho de la Unión Europea.
1.2 Evolución histórica de la integración europea.
1.3 Objetivos y principios fundamentales de la UE.
1.4 Fuentes del Derecho de la Unión Europea.
1.5 Relación entre el Derecho de la UE y el Derecho nacional.

Capítulo 2: Instituciones de la Unión Europea................................11
2.1 El Parlamento Europeo: estructura y funciones.
2.2 El Consejo Europeo y el Consejo de la Unión Europea.
2.3 La Comisión Europea: composición y competencias.
2.4 El Tribunal de Justicia de la Unión Europea.
2.5 Otras instituciones y organismos de la UE.

Capítulo 3: Proceso Legislativo en la Unión Europea........................19
3.1 Procedimiento legislativo ordinario.
3.2 Procedimientos legislativos especiales.
3.3 Iniciativa legislativa ciudadana.
3.4 El papel de los parlamentos nacionales.
3.5 Relaciones interinstitucionales en el proceso legislativo.

Capítulo 4: Fuentes del Derecho de la Unión Europea......................27
4.1 Derecho primario: Tratados fundacionales.
4.2 Derecho secundario: reglamentos, directivas, decisiones, recomendaciones y dictámenes.
4.3 Derecho derivado: actos de ejecución y delegados.
4.4 Jurisprudencia del Tribunal de Justicia de la Unión Europea.
4.5 Principios generales del Derecho de la UE.

Capítulo 5: Aplicación y Efecto del Derecho de la Unión Europea..........33
5.1 Aplicación directa e inmediata del Derecho de la UE.
5.2 Principio de primacía del Derecho de la UE.
5.3 Efecto directo y su jurisprudencia.
5.4 Responsabilidad del Estado por incumplimiento del Derecho de la UE.
5.5 Doctrina de la interpretación conforme.

Capítulo 6: Ciudadanía de la Unión Europea............................39
6.1 Concepto y evolución de la ciudadanía europea.
6.2 Derechos fundamentales de los ciudadanos de la UE.
6.3 Libertad de circulación y residencia.
6.4 Derechos políticos y electorales.
6.5 Protección consular y diplomática.

Capítulo 7: Mercado Interior de la Unión Europea........................47
7.1 Concepto y objetivos del mercado interior.
7.2 Libre circulación de bienes.
7.3 Libre circulación de personas, servicios y capitales.
7.4 Armonización normativa y eliminación de barreras.
7.5 Política de competencia y control de ayudas estatales.

Capítulo 8: Unión Económica y Monetaria....................................53
8.1 Historia y evolución de la Unión Económica y Monetaria.
8.2 El euro y el Sistema Europeo de Bancos Centrales.
8.3 Política monetaria y fiscal en la zona euro.
8.4 Gobernanza económica y el Pacto de Estabilidad y Crecimiento.
8.5 Crisis económicas y mecanismos de rescate.

Capítulo 9: Política Social y Empleo en la Unión Europea..................61
9.1 Principios y objetivos de la política social de la UE.
9.2 Protección de los derechos laborales y condiciones de trabajo.
9.3 Igualdad de género y no discriminación.
9.4 Políticas de inclusión social y lucha contra la pobreza.
9.5 La Estrategia Europea de Empleo.

Capítulo 10: Espacio de Libertad, Seguridad y Justicia....................67
10.1 Cooperación judicial en materia civil y penal.
10.2 Espacio Schengen y control de fronteras.
10.3 Asilo y migración en la UE.
10.4 Lucha contra el crimen organizado y el terrorismo.
10.5 Derechos fundamentales en el Espacio de Libertad, Seguridad y Justicia.

Capítulo 11: Política Exterior y de Seguridad Común.....................73
11.1 Objetivos y principios de la PESC.
11.2 Instituciones y actores en la PESC.
11.3 Política de seguridad y defensa común.
11.4 Relaciones exteriores y diplomacia de la UE.
11.5 Misiones y operaciones de la PESC.

Capítulo 12: Política de Competencia de la Unión Europea..................79
12.1 Principios y objetivos de la política de competencia.
12.2 Control de concentraciones y fusiones.
12.3 Lucha contra los cárteles y el abuso de posición dominante.
12.4 Ayudas estatales y su regulación.
12.5 Procedimientos y sanciones en materia de competencia.

Capítulo 13: Política Agrícola Común (PAC)...............................87
13.1 Historia y evolución de la PAC.
13.2 Objetivos y principios de la PAC.
13.3 Régimen de pagos directos y desarrollo rural.
13.4 Políticas de mercado y organización común de mercados.
13.5 Reforma de la PAC y desafíos futuros.

Capítulo 14: Política Medioambiental de la Unión Europea..................95
14.1 Fundamentos y objetivos de la política medioambiental.
14.2 Legislación ambiental: Directivas y Reglamentos.
14.3 Cambio climático y política energética.
14.4 Protección de la biodiversidad y gestión de recursos naturales.
14.5 Instrumentos de financiación y programas ambientales de la UE.

Capítulo 15: Política de Transporte de la Unión Europea..................101
15.1 Objetivos y principios de la política de transporte.
15.2 Liberalización y regulación del transporte aéreo.
15.3 Política ferroviaria y desarrollo del transporte ferroviario.
15.4 Transporte marítimo y fluvial.
15.5 Infraestructuras de transporte y redes transeuropeas.

Capítulo 16: Política de Salud Pública en la Unión Europea..................109
16.1 Fundamentos y objetivos de la política de salud pública.
16.2 Coordinación de políticas sanitarias entre los Estados miembros.
16.3 Seguridad alimentaria y control de enfermedades.
16.4 Investigación y desarrollo en salud.
16.5 Respuesta a emergencias sanitarias y pandemias.

Capítulo 17: Educación, Cultura y Deporte en la Unión Europea..........117
17.1 Programas educativos y de movilidad: Erasmus+ y otros.
17.2 Políticas culturales y patrimonio europeo.
17.3 Fomento del multilingüismo y diversidad cultural.
17.4 Apoyo al deporte y la actividad física.
17.5 Impacto de la integración europea en la educación y la cultura.

Capítulo 18: Desafíos y Futuro de la Unión Europea..........................**123**
18.1 La UE en el escenario global: retos y oportunidades.
18.2 Futuras perspectivas de ampliación y profundización de la integración europea.

Reflexiones Finales...129

Bibliografía..131

INTRODUCCION

El Derecho de la Unión Europea (UE) es un vasto y dinámico entramado jurídico que trasciende las fronteras de los Estados miembros, construyendo un tejido normativo único en el mundo. Este corpus legislativo no solo regula la interacción entre los países que componen la Unión, sino que también establece derechos y obligaciones que impactan directamente en la vida diaria de más de 400 millones de ciudadanos europeos. Es, en esencia, un fenómeno sin precedentes en la historia de la humanidad, que combina la soberanía nacional con la integración supranacional en un equilibrio delicado y en constante evolución.

"Derecho de la Unión Europea: Temas Selectos" se concibe como una obra que explora, desde una perspectiva crítica y analítica, las áreas más relevantes y controvertidas del derecho comunitario. Este libro no pretende ser un tratado exhaustivo de todo el derecho de la Unión, sino una selección meticulosa de temas que han moldeado y siguen moldeando la arquitectura jurídica europea. Cada capítulo es una ventana a debates contemporáneos que reflejan las tensiones inherentes entre la unidad y la diversidad, la centralización y la subsidiariedad, la integración y la identidad nacional.

A lo largo de estas páginas, el lector se sumergirá en análisis profundos que abarcan desde la evolución histórica del proyecto europeo hasta los desafíos actuales que enfrenta la Unión en un contexto globalizado y multipolar. Se discutirán cuestiones como la soberanía compartida, la protección de los derechos fundamentales, la gobernanza económica, y el impacto del Brexit, entre otros. Además, se abordarán las implicaciones del Derecho de la UE en la vida cotidiana de sus ciudadanos y su influencia más allá de las fronteras europeas.

Este libro está dirigido a estudiantes, académicos, profesionales del derecho y cualquier persona interesada en comprender los mecanismos y principios que rigen la Unión Europea. Los temas selectos aquí presentados no solo buscan ilustrar el estado actual del Derecho de la UE, sino también invitar al lector a reflexionar sobre su futuro, en un mundo donde las interdependencias son cada vez más profundas y las soluciones colectivas más necesarias.

Así, **"Derecho de la Unión Europea: Temas Selectos"** se erige como una obra fundamental para quienes desean adentrarse en el estudio de uno de los sistemas jurídicos más complejos e innovadores de nuestro tiempo, un sistema que no solo define el presente de Europa, sino que también traza las líneas del porvenir de su unidad y su diversidad.

Capítulo 1:

Introducción al Derecho de la Unión Europea

1.1 Definición y naturaleza del Derecho de la Unión Europea.

El Derecho de la Unión Europea es el conjunto de normas, principios y disposiciones que rigen la estructura y funcionamiento de la Unión Europea, así como las relaciones entre sus Estados miembros y sus ciudadanos. Este derecho se caracteriza por su naturaleza supranacional, lo que significa que, en muchos aspectos, prevalece sobre las legislaciones nacionales de los Estados miembros. A través de los tratados fundacionales y su interpretación por parte del Tribunal de Justicia de la Unión Europea (TJUE), el Derecho de la UE se ha convertido en un sistema jurídico autónomo que tiene sus propias fuentes, principios y mecanismos de aplicación.

Una de las particularidades más destacadas del Derecho de la Unión Europea es su capacidad de generar efectos directos, es decir, ciertas normas pueden ser invocadas directamente por los ciudadanos ante los tribunales nacionales, sin necesidad de una implementación específica por parte de los Estados miembros. Este principio refuerza la idea de que la Unión Europea no es solo una organización internacional, sino una entidad política y jurídica única que tiene la potestad de afectar directamente la vida de los individuos.

La naturaleza del Derecho de la UE también se manifiesta en su objetivo de promover la integración y cohesión entre los Estados miembros. A través de políticas comunes en áreas como el mercado interior, la competencia, el medio ambiente, y los derechos fundamentales, el Derecho de la UE busca armonizar las legislaciones nacionales, superando las barreras que pudieran obstaculizar el libre movimiento de personas, bienes, servicios y capitales. Este proceso de integración legal se realiza respetando, al mismo tiempo, la diversidad cultural y jurídica de los Estados miembros, lo que da lugar a un equilibrio complejo y delicado.

Finalmente, el Derecho de la Unión Europea no solo se limita a los tratados y reglamentos, sino que también incluye un corpus creciente de jurisprudencia del TJUE. Esta jurisprudencia ha sido fundamental para definir y expandir los principios básicos del Derecho de la UE, como la primacía del derecho comunitario sobre el derecho nacional y el principio de subsidiariedad, que asegura que las decisiones se tomen lo más cerca posible de los ciudadanos. Por tanto, el Derecho de la Unión Europea es un sistema dinámico, en constante evolución, que refleja las aspiraciones y desafíos de una comunidad de naciones comprometida con un futuro compartido.

1.2 Evolución histórica de la integración europea.

La evolución histórica de la integración europea es un proceso complejo que ha transformado a Europa desde un continente devastado por guerras en la primera mitad del siglo XX, hasta convertirse en una unión económica y política única en el mundo. Este proceso se puede dividir en varias etapas clave, cada una marcada por avances significativos en la cooperación entre los Estados europeos.

El origen de la integración europea se sitúa en la posguerra, con la creación de la Comunidad Europea del Carbón y del Acero (CECA) en 1951. Este primer paso fue impulsado por la necesidad de evitar futuros conflictos en Europa mediante el control compartido de las industrias clave para la guerra. Los países fundadores, Francia, Alemania Occidental, Italia, Bélgica, los Países Bajos y Luxemburgo, sentaron las bases para una cooperación que iba más allá de los intereses económicos, buscando también la estabilidad política.

A partir de este éxito inicial, se firmó el Tratado de Roma en 1957, que creó la Comunidad Económica Europea (CEE) y la Comunidad Europea de la Energía Atómica (EURATOM). La CEE, en particular, se centró en la creación de un mercado común, eliminando gradualmente las barreras comerciales entre los Estados miembros y estableciendo políticas comunes en diversas áreas. Este tratado fue un hito en la integración económica y sentó las bases para una mayor cooperación política en las décadas siguientes.

En la década de 1980, la integración europea dio un gran salto con la firma del Acta Única Europea en 1986, que estableció la meta de completar el mercado interior para 1992. Este proceso llevó a la eliminación de las barreras físicas, técnicas y fiscales entre los Estados miembros, facilitando la libre circulación de personas, bienes, servicios y capitales. Además, se reforzó el papel del Parlamento Europeo, democratizando aún más el proceso de toma de decisiones.

El siguiente paso decisivo fue la firma del Tratado de Maastricht en 1992, que transformó la CEE en la Unión Europea (UE) y amplió su ámbito de actuación a nuevas áreas, incluyendo la política exterior, la seguridad común y la cooperación en justicia y asuntos internos. El tratado también sentó las bases para la creación de la moneda única, el euro, que fue lanzada oficialmente en 1999. Esta moneda, adoptada por varios Estados miembros, simbolizó un nuevo nivel de integración económica y financiera.

Desde entonces, la UE ha continuado expandiéndose y profundizando su integración, con la incorporación de nuevos Estados miembros en varias ampliaciones, la más significativa de las cuales fue la de 2004, que integró a varios países de Europa Central y del Este. No obstante, la integración europea también ha enfrentado desafíos, como la crisis financiera de 2008, la crisis migratoria, el Brexit y el resurgimiento de movimientos nacionalistas.

A lo largo de su historia, la integración europea ha sido un proceso dinámico, caracterizado por avances y retrocesos, pero siempre impulsado por la búsqueda de paz, estabilidad y prosperidad en el continente. La evolución de la Unión Europea refleja la voluntad de sus Estados miembros de colaborar más estrechamente, superando diferencias y adaptándose a los desafíos globales, en un esfuerzo continuo por consolidar un proyecto único de unidad y diversidad.

1.3 Objetivos y principios fundamentales de la UE.

Los objetivos de la Unión Europea (UE) se centran en promover la paz, sus valores y el bienestar de sus pueblos. Desde sus inicios, la UE ha buscado garantizar la estabilidad y la seguridad en Europa, superando las divisiones que causaron conflictos en el pasado. Uno de los principales objetivos es consolidar un espacio de libertad, seguridad y justicia, sin fronteras interiores, donde la libre circulación de personas, bienes, servicios y capitales sea una realidad. Además, la UE tiene como meta establecer un mercado único, asegurando un crecimiento económico sostenible basado en el desarrollo equilibrado y la estabilidad de precios, y una economía social de mercado altamente competitiva que busque el pleno empleo y el progreso social.

Otro objetivo fundamental es promover la cohesión económica, social y territorial, así como la solidaridad entre los Estados miembros. Esto incluye la reducción de las disparidades entre las distintas regiones de Europa, favoreciendo un desarrollo más equitativo y mejorando la calidad de vida de todos sus ciudadanos. La protección y mejora del medio ambiente también es un objetivo central, con la UE comprometida en la lucha contra el cambio climático y en la promoción del desarrollo sostenible, no solo dentro de sus fronteras, sino también a nivel global.

Los principios fundamentales de la UE están enraizados en el respeto a la dignidad humana, la libertad, la democracia, la igualdad, el Estado de derecho y el respeto a los derechos humanos, incluidos los derechos de las minorías. Estos principios guían todas las políticas y acciones de la Unión y son esenciales para su funcionamiento y legitimidad. La UE también se basa en el principio de subsidiariedad, que asegura que las decisiones se tomen lo más cerca posible de los ciudadanos, y que la UE solo actúe cuando los objetivos de una acción no puedan ser alcanzados de manera suficiente por los Estados miembros por sí solos.

El principio de solidaridad es otro pilar clave, reflejando la interdependencia de los Estados miembros y su compromiso de apoyarse mutuamente en momentos de necesidad. Asimismo, la UE se rige por el principio de primacía del derecho de la Unión, lo que significa que, en caso de conflicto entre las leyes nacionales y el derecho comunitario, prevalece este último. Este principio asegura la coherencia y eficacia del ordenamiento jurídico de la UE, permitiendo una integración más profunda y una aplicación uniforme del derecho en todos los Estados miembros.

Estos objetivos y principios no solo guían la acción de la Unión Europea en su funcionamiento interno, sino que también definen su papel en el escenario internacional, promoviendo sus valores y contribuyendo a la paz, la seguridad, el desarrollo sostenible, y la erradicación de la pobreza en el mundo. A través de sus políticas y programas, la UE busca construir un futuro común, basado en la cooperación, el respeto mutuo y el compromiso compartido con la prosperidad y el bienestar de sus ciudadanos.

1.4 Fuentes del Derecho de la Unión Europea.

Las fuentes del Derecho de la Unión Europea se refieren a los distintos tipos de normas y principios que constituyen su ordenamiento jurídico y que regulan su funcionamiento, así como las relaciones entre los Estados miembros y los ciudadanos. Estas fuentes se pueden clasificar en varias categorías principales, cada una con su propio rol y jerarquía dentro del sistema jurídico de la UE.

La primera y más importante fuente del Derecho de la UE son los **Tratados Fundacionales**. Estos tratados, como el Tratado de Roma (1957) y el Tratado de Maastricht (1992), establecen las bases legales de la Unión y definen sus objetivos, competencias y principios fundamentales. Los tratados tienen el carácter de derecho primario, lo que significa que son la norma suprema dentro del ordenamiento jurídico de la UE. Cualquier normativa o acción derivada de estos tratados debe ser compatible con ellos. También incluyen las disposiciones relativas a las instituciones de la UE y las relaciones entre estas y los Estados miembros.

Otra fuente crucial del Derecho de la UE es el **Derecho Derivado**, que incluye los reglamentos, directivas, decisiones, recomendaciones y dictámenes adoptados por las instituciones de la Unión. Los reglamentos tienen un alcance general y son directamente aplicables en todos los Estados miembros, lo que significa que no requieren de una transposición a las legislaciones nacionales. Las directivas, por otro lado, son vinculantes en cuanto al resultado que deben alcanzar, pero permiten a los Estados miembros cierta flexibilidad en la forma y los medios de lograr ese resultado. Las decisiones son obligatorias en todos sus elementos para aquellos a quienes se dirigen, ya sean Estados miembros o particulares. Las recomendaciones y dictámenes, aunque no vinculantes, influyen en la interpretación y aplicación del Derecho de la UE.

Además de las fuentes mencionadas, el **Derecho Consuetudinario** también juega un papel en el sistema jurídico de la UE. Se refiere a las prácticas y costumbres que han sido reconocidas como legalmente vinculantes, aunque no estén codificadas en los tratados o en el derecho derivado. Este derecho consuetudinario se ha desarrollado principalmente a través de la jurisprudencia del Tribunal de Justicia de la Unión Europea (TJUE), que ha interpretado y ampliado los principios del Derecho de la UE en sus decisiones.

La **Jurisprudencia** del TJUE es una fuente significativa de derecho en la UE. A través de sus sentencias, el Tribunal ha establecido principios fundamentales como la primacía del derecho de la UE sobre las leyes nacionales, el efecto directo de ciertas disposiciones del derecho comunitario, y la interpretación uniforme del derecho en todos los Estados miembros. Esta jurisprudencia ha sido esencial para la consolidación del ordenamiento jurídico de la UE y para garantizar su coherencia y efectividad.

Finalmente, el **Derecho Internacional** también forma parte del ordenamiento jurídico de la Unión Europea. Los tratados internacionales firmados por la UE, ya sea de manera independiente o junto con sus Estados miembros, son vinculantes y deben ser respetados en su aplicación. Estos acuerdos internacionales pueden influir en la legislación y en las políticas de la UE, especialmente en áreas como el comercio, el medio ambiente y los derechos humanos.

1.5 Relación entre el Derecho de la UE y el Derecho nacional.

La relación entre el Derecho de la Unión Europea (UE) y el derecho nacional es uno de los aspectos más fundamentales y complejos del proceso de integración europea. Desde sus inicios, la UE ha desarrollado un sistema jurídico propio, con la finalidad de garantizar la efectividad de sus normas en todos los Estados miembros. Este sistema establece una interacción dinámica entre el derecho de la UE y las legislaciones nacionales, basada en principios clave como la primacía, el efecto directo y la cooperación leal.

Uno de los principios centrales que rigen esta relación es el **principio de primacía** del Derecho de la UE. Según este principio, en caso de conflicto entre una norma de derecho nacional y una norma de derecho de la UE, prevalece esta última. Esto implica que los Estados miembros deben garantizar que sus leyes nacionales sean compatibles con las disposiciones del Derecho de la UE. En la práctica, el principio de primacía ha sido fundamental para asegurar la uniformidad y coherencia en la aplicación del derecho comunitario, evitando que las diferencias entre los sistemas legales nacionales obstaculicen los objetivos de la Unión.

Otro principio esencial es el **efecto directo** del Derecho de la UE, que permite a los ciudadanos y empresas invocar directamente ciertas normas de la UE ante los tribunales nacionales. Este principio fue establecido por el Tribunal de Justicia de la Unión Europea (TJUE) en el caso Van Gend en Loos (1963) y significa que, en determinadas condiciones, las disposiciones de los tratados, reglamentos y directivas de la UE tienen fuerza legal dentro de los Estados miembros sin necesidad de una ley nacional que las implemente. El efecto directo fortalece la integración europea al permitir que las normas de la UE sean aplicables de manera inmediata y uniforme en todos los Estados miembros.

Además de la primacía y el efecto directo, la **cooperación leal** es otro principio clave en la relación entre el Derecho de la UE y el derecho nacional. Este principio, consagrado en el artículo 4(3) del Tratado de la Unión Europea (TUE), establece que los Estados miembros deben adoptar todas las medidas necesarias para cumplir con las obligaciones derivadas del Derecho de la UE, y deben abstenerse de cualquier acción que pueda poner en peligro los objetivos de la Unión. La cooperación leal exige una colaboración constante entre los Estados miembros y las instituciones de la UE, asegurando que el derecho comunitario sea aplicado de manera efectiva en todo el territorio de la Unión.

A pesar de estos principios, la relación entre el Derecho de la UE y el derecho nacional no ha estado exenta de tensiones. En algunos casos, los tribunales nacionales han cuestionado la primacía del Derecho de la UE, especialmente en cuestiones que afectan la soberanía nacional o los derechos fundamentales protegidos por las constituciones nacionales. Estas tensiones reflejan el desafío de equilibrar la integración supranacional con el respeto a la identidad y la autonomía jurídica de los Estados miembros.

Capítulo 2:

Instituciones de la Unión Europea

2.1 El Parlamento Europeo: estructura y funciones.

El Parlamento Europeo es una de las instituciones centrales de la Unión Europea (UE) y desempeña un papel fundamental en el proceso legislativo, la supervisión y la representación de los ciudadanos europeos. Su estructura y funciones reflejan la evolución de la UE hacia una mayor democratización y transparencia, y su importancia ha crecido significativamente desde su creación.

La **estructura** del Parlamento Europeo se organiza en torno a varios elementos clave. En primer lugar, está compuesto por **eurodiputados**, que son elegidos directamente por los ciudadanos de los Estados miembros en elecciones que se celebran cada cinco años. El número de eurodiputados de cada país es proporcional a su población, aunque se aplican ciertas correcciones para asegurar una representación mínima para los países más pequeños. El Parlamento se organiza internamente en **grupos políticos**, que agrupan a los eurodiputados según sus afinidades ideológicas y políticas, más que por su nacionalidad. Estos grupos reflejan la diversidad política de Europa y desempeñan un papel crucial en el proceso legislativo.

La **Presidencia del Parlamento Europeo** es otro componente importante de su estructura. El Presidente, elegido por los eurodiputados, tiene un mandato de dos años y medio y representa al Parlamento en sus relaciones con otras instituciones de la UE y en el exterior. Además, el Presidente modera los debates y asegura el buen funcionamiento de las sesiones plenarias. Junto con el Presidente, el Parlamento cuenta con un **Buró** y una **Conferencia de Presidentes**, que incluyen a los líderes de los grupos políticos y son responsables de la organización y planificación de las actividades del Parlamento.

En cuanto a sus **funciones**, el Parlamento Europeo tiene tres roles principales: **legislativo, de supervisión y presupuestario**. En su función legislativa, el Parlamento participa en la adopción de la legislación europea junto con el

Consejo de la Unión Europea, a través del procedimiento de codecisión, ahora conocido como procedimiento legislativo ordinario. Esto significa que el Parlamento tiene el poder de aprobar, modificar o rechazar propuestas legislativas presentadas por la Comisión Europea. Esta función legislativa refuerza la legitimidad democrática de las leyes de la UE, ya que el Parlamento actúa como la voz de los ciudadanos.

La función de **supervisión** del Parlamento Europeo implica el control y la supervisión de las demás instituciones de la UE, en particular de la Comisión Europea. El Parlamento tiene la facultad de aprobar o rechazar la designación del Presidente de la Comisión y de todo el colegio de comisarios. Además, puede censurar a la Comisión, obligándola a dimitir en bloque. El Parlamento también supervisa la aplicación de las políticas de la UE y la utilización de los fondos europeos, lo que asegura que las instituciones de la UE actúen de manera transparente y responsable.

Finalmente, en su función **presupuestaria**, el Parlamento Europeo participa en la elaboración y adopción del presupuesto anual de la UE, en colaboración con el Consejo de la Unión Europea. El Parlamento tiene la autoridad de aprobar o rechazar el presupuesto, lo que le otorga un control significativo sobre la distribución de los recursos de la UE. Además, el Parlamento supervisa la ejecución del presupuesto, asegurando que los fondos se utilicen de manera eficiente y conforme a los objetivos establecidos.

2.2 El Consejo Europeo y el Consejo de la Unión Europea.

El Consejo Europeo y el Consejo de la Unión Europea son dos instituciones clave en el marco institucional de la Unión Europea (UE), aunque sus funciones y estructuras son distintas.

El Consejo Europeo es la institución que define las orientaciones y prioridades políticas generales de la Unión Europea. Está compuesto por los jefes de Estado o de Gobierno de los Estados miembros, el presidente del Consejo Europeo y el presidente de la Comisión Europea. El Consejo Europeo no legisla, sino que establece la dirección política a largo plazo de la UE y se reúne al menos cuatro veces al año en cumbres para discutir los temas más importantes y las cuestiones estratégicas que enfrenta la Unión. El presidente del Consejo Europeo, que es elegido por un mandato de dos años y medio, tiene la tarea de facilitar el consenso entre los líderes de los Estados miembros y representar a la UE en el escenario internacional, junto con el Alto Representante de la Unión para Asuntos Exteriores y Política de Seguridad.

El Consejo de la Unión Europea, por otro lado, es una institución legislativa y decisoria que comparte la responsabilidad de la legislación y el presupuesto de la UE con el Parlamento Europeo. Está compuesto por los ministros de los Estados miembros, quienes se reúnen en distintas formaciones según el tema a tratar, como asuntos exteriores, agricultura, finanzas o medio ambiente. A diferencia del Consejo Europeo, que fija la agenda política general, el Consejo de la UE se ocupa de la legislación específica, adoptando reglamentos, directivas y decisiones en colaboración con el Parlamento Europeo. También desempeña un papel crucial en la coordinación de las políticas de los Estados miembros y en la representación de la UE en algunas negociaciones internacionales.

A pesar de la similitud en sus nombres, el Consejo Europeo y el Consejo de la Unión Europea cumplen roles complementarios pero distintos en la estructura de la UE. Mientras el Consejo Europeo se centra en el liderazgo político y la definición de las grandes líneas de acción, el Consejo de la Unión Europea se encarga de la adopción de las leyes y de la ejecución de las políticas que implementan esas líneas de acción. Ambos consejos son fundamentales para el funcionamiento y la gobernanza de la Unión Europea, asegurando tanto la coherencia política como la eficacia legislativa en un marco que respeta la diversidad y soberanía de los Estados miembros.

2.3 La Comisión Europea: composición y competencias.

La Comisión Europea es una de las principales instituciones de la Unión Europea, desempeñando un papel central en la formulación de políticas, la aplicación de la legislación y la representación de la UE a nivel internacional. Su composición y competencias reflejan la importancia de esta institución en la estructura de la UE.

La composición de la Comisión Europea está conformada por un colegio de comisarios, que incluye a un comisario de cada Estado miembro de la UE. Este colegio es presidido por el Presidente de la Comisión, quien es propuesto por el Consejo Europeo y elegido por el Parlamento Europeo. Los comisarios son nombrados por un mandato de cinco años y son responsables de áreas específicas de la política, como comercio, medio ambiente o energía, entre otras. Aunque los comisarios son nominados por los Estados miembros, tienen el deber de actuar en el interés general de la UE y no como representantes de sus respectivos países. El Presidente de la Comisión tiene un papel crucial en la asignación de las carteras y en la coordinación del trabajo del colegio de comisarios.

En cuanto a sus competencias, la Comisión Europea es conocida como el "motor" de la integración europea debido a su función en la iniciativa legislativa. Es la única institución de la UE con el poder de proponer nueva legislación en la mayoría de los ámbitos, lo que le otorga una posición clave en el proceso legislativo. Las propuestas de la Comisión son presentadas al Parlamento Europeo y al Consejo de la Unión Europea para su debate y adopción. Además, la Comisión supervisa la aplicación de las leyes de la UE en los Estados miembros, actuando como "guardiana de los Tratados". Si un Estado miembro no cumple con sus obligaciones, la Comisión puede iniciar procedimientos de infracción que pueden llevar el caso ante el Tribunal de Justicia de la Unión Europea.

Otra competencia fundamental de la Comisión Europea es la gestión del presupuesto de la UE. La Comisión elabora el proyecto de presupuesto anual y supervisa su ejecución, asegurándose de que los fondos de la UE se utilicen de manera eficiente y conforme a los objetivos establecidos. Además, la Comisión desempeña un papel crucial en la implementación de las políticas de la UE, gestionando programas y fondos en áreas como la cohesión regional, la agricultura, la investigación y el desarrollo.

En el ámbito internacional, la Comisión Europea representa a la UE en las negociaciones comerciales y en las relaciones exteriores en los ámbitos en los que la UE tiene competencias exclusivas. Este papel incluye la negociación de acuerdos comerciales internacionales y la representación de la UE en organizaciones internacionales como la Organización Mundial del Comercio. La Comisión también trabaja en estrecha colaboración con el Alto Representante de la Unión para Asuntos Exteriores y Política de Seguridad para garantizar la coherencia de la política exterior de la UE.

2.4 El Tribunal de Justicia de la Unión Europea.

El Tribunal de Justicia de la Unión Europea (TJUE) es la máxima autoridad judicial en el sistema legal de la Unión Europea. Su función principal es asegurar que la legislación de la UE sea interpretada y aplicada de manera uniforme en todos los Estados miembros, y que las instituciones europeas actúen de acuerdo con el derecho de la UE.

El Tribunal de Justicia de la Unión Europea se compone de dos órganos principales: el Tribunal de Justicia y el Tribunal General. El Tribunal de Justicia, que es el órgano superior, está compuesto por un juez de cada Estado miembro, junto con el Abogado General, quien asesora al Tribunal en la interpretación y aplicación del derecho. El Tribunal General, por su parte, tiene jurisdicción en casos de competencia general, como las acciones de anulación y las demandas de responsabilidad. Está compuesto por al menos un juez por Estado miembro, aunque su número puede variar.

Las competencias del TJUE son amplias y abarcan varios tipos de procedimientos. En primer lugar, el Tribunal tiene la competencia de revisión para interpretar el derecho de la UE. Los tribunales nacionales pueden remitir cuestiones prejudiciales al TJUE para obtener una interpretación sobre la validez o la interpretación de las normas de la UE. Esta función asegura la uniformidad en la aplicación del derecho comunitario en todos los Estados miembros.

Otra competencia importante del TJUE es la competencia de control. El Tribunal tiene la autoridad para examinar la legalidad de los actos de las instituciones de la UE, así como las demandas de los Estados miembros contra otras instituciones o contra otros Estados miembros. Esto incluye la posibilidad de anular actos legislativos o decisiones que se consideren contrarios a los tratados de la UE. Además, el Tribunal puede conocer de los recursos interpuestos por personas o empresas contra actos que les afecten directamente.

El TJUE también tiene la competencia de supervisión en materia de cumplimiento. Puede actuar contra los Estados miembros que no cumplan con sus obligaciones bajo el derecho de la UE, a solicitud de la Comisión Europea o de otro Estado miembro. En casos extremos, el Tribunal puede imponer sanciones financieras a los Estados miembros que no hayan cumplido con sus obligaciones.

En su función de protección de derechos, el TJUE juega un papel crucial en garantizar que los derechos reconocidos por el derecho de la UE sean respetados y aplicados. Esto incluye la protección de los derechos fundamentales y la supervisión de la legalidad de las políticas y prácticas adoptadas por las instituciones de la UE.

2.5 Otras instituciones y organismos de la UE.

La Unión Europea cuenta con varias instituciones y organismos que, junto con el Parlamento Europeo, el Consejo Europeo, el Consejo de la Unión Europea y la Comisión Europea, desempeñan roles importantes en la gobernanza y funcionamiento de la UE. Estos organismos complementan el sistema institucional, asegurando la implementación eficiente de políticas y la gestión adecuada de los recursos.

El Banco Central Europeo (BCE) es una de las instituciones clave en el sistema financiero de la UE. Su principal función es mantener la estabilidad de precios en la eurozona, que comprende los países que han adoptado el euro como su moneda. El BCE define y ejecuta la política monetaria, controla la oferta de dinero y gestiona las reservas de divisas. También supervisa las entidades bancarias para garantizar la solidez y estabilidad del sistema financiero europeo.

El Tribunal de Cuentas Europeo es otra institución fundamental, encargada de auditar las finanzas de la Unión Europea. Su objetivo es garantizar la correcta gestión del presupuesto de la UE, evaluando la legalidad y regularidad de los ingresos y gastos. El Tribunal de Cuentas emite informes sobre la ejecución del presupuesto y la eficiencia en la utilización de los fondos europeos, contribuyendo a la transparencia y responsabilidad en el manejo de los recursos públicos.

La Agencia Europea de Seguridad Alimentaria (EFSA) es un organismo especializado que proporciona asesoramiento científico y comunicación sobre los riesgos asociados con la cadena alimentaria. Su función es garantizar que los alimentos y piensos en la UE sean seguros para la salud de los ciudadanos, realizando evaluaciones de riesgos y ofreciendo recomendaciones basadas en la evidencia científica.

El Comité de las Regiones (CdR) es una entidad consultiva que representa a las regiones y municipios de la UE. Su propósito es asegurar que las decisiones de la UE consideren las perspectivas locales y regionales. El CdR emite dictámenes sobre propuestas legislativas que afectan a las regiones y las ciudades, proporcionando una visión desde el nivel local en el proceso de toma de decisiones de la Unión.

La Agencia Europea para la Seguridad y Salud en el Trabajo (EU-OSHA) se dedica a mejorar la seguridad y la salud en el trabajo en toda la UE. Proporciona información, realiza investigaciones y promueve buenas prácticas en el ámbito laboral, contribuyendo a la creación de un entorno de trabajo seguro y saludable para los empleados europeos.

Además de estas instituciones y organismos, existen otras agencias y oficinas especializadas en áreas como la cooperación judicial en materia penal (Europol), la gestión de fronteras y el asilo (Frontex), y la protección de derechos fundamentales (Agencia de los Derechos Fundamentales). Cada uno de estos organismos tiene un papel específico en la implementación de políticas y la gestión de asuntos que afectan a la Unión Europea en diferentes áreas.

En conjunto, estas instituciones y organismos permiten a la Unión Europea funcionar de manera eficiente y eficaz, asegurando que se cumplan los objetivos y se aborden los desafíos en diversos campos de política y gestión. Su existencia y funcionamiento son esenciales para el desarrollo y la cohesión del proyecto europeo, facilitando la cooperación y la integración entre los Estados miembros.

Capítulo 3:

Proceso Legislativo en la Unión Europea

3.1 Procedimiento legislativo ordinario.

El procedimiento legislativo ordinario es el mecanismo principal a través del cual se adoptan las leyes en la Unión Europea. Este procedimiento, también conocido como codecisión, involucra la colaboración entre dos instituciones clave: el Parlamento Europeo y el Consejo de la Unión Europea. Su objetivo es asegurar un proceso legislativo transparente y representativo, en el cual las decisiones sean adoptadas de manera consensuada.

El procedimiento comienza con la **propuesta legislativa** presentada por la Comisión Europea. La Comisión tiene la exclusiva capacidad de iniciar propuestas de nuevas leyes o de modificaciones a las existentes. Esta propuesta se basa en las prioridades políticas de la UE y en las necesidades identificadas a través de consultas y análisis. Una vez elaborada, la propuesta se presenta tanto al Parlamento Europeo como al Consejo de la Unión Europea.

A continuación, la **propuesta es examinada** por el Parlamento Europeo. El Parlamento, compuesto por representantes elegidos directamente por los ciudadanos de la UE, debate la propuesta en sus comisiones especializadas y en sesiones plenarias. Los miembros del Parlamento pueden proponer enmiendas a la propuesta original. Después de debatir y votar sobre estas enmiendas, el Parlamento emite su posición sobre el texto legislativo.

Simultáneamente, el **Consejo de la Unión Europea** también revisa la propuesta. El Consejo está compuesto por ministros de los Estados miembros, y sus reuniones se organizan según el ámbito de la propuesta, como economía, medio ambiente o justicia. El Consejo puede aceptar la propuesta tal como está, o puede proponer modificaciones. El Consejo también debe adoptar una posición sobre el texto legislativo.

El siguiente paso en el procedimiento es la **fase de conciliación**, si es necesario. Si el Parlamento y el Consejo no llegan a un acuerdo sobre el texto, se convoca un comité de conciliación compuesto por representantes de ambas instituciones. Este comité tiene el objetivo de llegar a un consenso sobre un texto común. Las negociaciones en el comité de conciliación se centran en armonizar las posiciones del Parlamento y del Consejo para que se pueda adoptar un texto final.

Finalmente, el **texto acordado** debe ser aprobado por ambas instituciones. Una vez alcanzado el acuerdo en la fase de conciliación, el Parlamento y el Consejo deben aprobar el texto legislativo en sus respectivas sesiones plenarias. Si ambas instituciones adoptan el texto, la propuesta se convierte en ley. Esta nueva legislación es luego publicada en el Diario Oficial de la Unión Europea y entra en vigor conforme a lo estipulado en el texto.

El procedimiento legislativo ordinario garantiza que las decisiones legislativas reflejen un equilibrio entre los intereses de los Estados miembros y las necesidades de los ciudadanos europeos. Al involucrar al Parlamento Europeo y al Consejo, el proceso asegura una representación amplia y una toma de decisiones colaborativa en el marco de la Unión Europea.

3.2 Procedimientos legislativos especiales.

Los procedimientos legislativos especiales son mecanismos alternativos al procedimiento legislativo ordinario para la adopción de leyes en la Unión Europea. Estos procedimientos se aplican a áreas específicas de la legislación y permiten diferentes formas de participación y toma de decisiones por parte de las instituciones de la UE.

Uno de los principales procedimientos especiales es el **procedimiento de consulta**. En este procedimiento, la Comisión Europea presenta una propuesta legislativa al Parlamento Europeo, que emite un dictamen sobre el texto. Aunque el Parlamento puede proponer enmiendas y expresar sus opiniones, el Consejo de la Unión Europea toma la decisión final sobre la propuesta sin la obligación de consultar nuevamente al Parlamento después de su dictamen. Este procedimiento se utiliza principalmente en áreas como la política comercial y algunas disposiciones relacionadas con el mercado interior, donde el Parlamento tiene un papel consultivo y no de codecisión.

Otro procedimiento especial es el **procedimiento de consentimiento**. En este caso, la Comisión Europea presenta una propuesta al Parlamento Europeo, que debe dar su consentimiento para que el Consejo pueda adoptar la legislación. El Parlamento tiene un papel más decisivo en este procedimiento, ya que sin su consentimiento, el Consejo no puede aprobar la legislación. Este procedimiento se utiliza comúnmente en el ámbito de los acuerdos internacionales y en la aprobación de acuerdos de asociación con países no miembros de la UE.

Además, existe el **procedimiento de cooperación** que se aplica en áreas específicas como la política de competencia y el sistema de impuestos. En este procedimiento, la Comisión Europea propone una legislación que el Parlamento Europeo y el Consejo deben aprobar conjuntamente. Aunque el Parlamento y el Consejo colaboran en el proceso legislativo, el Parlamento no tiene el mismo grado de iniciativa legislativa que en el procedimiento ordinario.

En el **procedimiento legislativo especial para el mercado interior**, el Parlamento Europeo juega un papel más importante en la revisión de propuestas relacionadas con el mercado único. Aquí, el Parlamento y el Consejo adoptan conjuntamente la legislación, pero el proceso puede ser más ágil y centrado en las cuestiones específicas del mercado interior.

Finalmente, el **procedimiento simplificado** se aplica a ciertas áreas de la legislación en las que se requiere una respuesta rápida o enmiendas técnicas menores. Este procedimiento permite la adopción de legislación sin la necesidad de un debate exhaustivo, agilizando el proceso legislativo en situaciones que no requieren un análisis detallado o una consulta extensa.

Cada uno de estos procedimientos especiales está diseñado para adaptar el proceso legislativo a las particularidades de diferentes áreas políticas y legislativas, reflejando la diversidad y complejidad del marco normativo de la Unión Europea. Estos mecanismos garantizan que la legislación pueda ser adoptada de manera eficiente y eficaz, respetando los principios de representación y colaboración entre las instituciones de la UE.

3.3 Iniciativa legislativa ciudadana.

La iniciativa legislativa ciudadana es un mecanismo que permite a los ciudadanos de la Unión Europea participar directamente en el proceso legislativo, promoviendo así una mayor inclusión y representación en la elaboración de políticas europeas. Este instrumento es un reflejo del compromiso de la UE con la participación democrática y el empoderamiento de los ciudadanos en la toma de decisiones.

El proceso comienza cuando un grupo de al menos un millón de ciudadanos de al menos siete Estados miembros de la UE presenta una propuesta de ley a la Comisión Europea. Para que una propuesta sea considerada, debe contar con el apoyo necesario de ciudadanos en los Estados miembros, lo cual se traduce en un umbral mínimo de firmas en cada uno de los países involucrados. Este requisito asegura que la propuesta tenga un apoyo significativo y transnacional.

Una vez presentada, la propuesta de iniciativa ciudadana debe ser registrada y validada por la Comisión Europea. Esta etapa implica la verificación de que la propuesta cumple con los requisitos formales y legales establecidos. Si la propuesta es aceptada, se inicia una campaña de recolección de firmas, durante la cual los ciudadanos tienen un período determinado para apoyar la iniciativa.

Al alcanzar el umbral de firmas requerido, la propuesta es examinada por la Comisión Europea, que evalúa su viabilidad y conformidad con los tratados de la UE y las políticas existentes. La Comisión puede decidir adoptar la propuesta, modificarla o rechazarla. Si la propuesta es adoptada, se inicia el proceso legislativo ordinario, en el cual el Parlamento Europeo y el Consejo de la Unión Europea revisan y debaten la propuesta para su posible adopción como legislación europea.

El impacto de la iniciativa legislativa ciudadana radica en su capacidad para dar voz a los ciudadanos en el ámbito europeo, permitiéndoles influir directamente en la legislación que afecta a la vida cotidiana. Este mecanismo no solo fomenta la participación activa y el compromiso cívico, sino que también enriquece el proceso legislativo con perspectivas diversas y representativas de la sociedad europea.

3.4 El papel de los parlamentos nacionales.

El papel de los parlamentos nacionales en la Unión Europea es crucial para el equilibrio de poder y la legitimidad democrática del proceso de integración europea. Aunque las competencias legislativas primarias de la UE se ejercen a nivel comunitario, los parlamentos nacionales desempeñan roles fundamentales en la supervisión, la ratificación y la participación en la elaboración de políticas europeas.

Uno de los principales roles de los parlamentos nacionales es el **control y supervisión** de la aplicación del derecho de la UE a nivel nacional. Los parlamentos nacionales tienen la responsabilidad de garantizar que las leyes europeas se implementen correctamente en sus respectivos países. Esto incluye la supervisión de cómo se transponen las directivas de la UE en la legislación nacional y el cumplimiento de los tratados europeos. Los parlamentos pueden cuestionar al gobierno sobre cómo se están aplicando las políticas de la UE y pueden exigir explicaciones y ajustes si es necesario.

Además, los parlamentos nacionales juegan un papel importante en el **procedimiento de subsidiariedad**. Este principio establece que la UE solo debe intervenir en áreas donde los objetivos no puedan alcanzarse de manera suficiente a nivel nacional, regional o local. Los parlamentos nacionales tienen el derecho de revisar y cuestionar las propuestas legislativas de la UE en términos de subsidiariedad. Si un parlamento nacional considera que una propuesta va más allá de lo necesario, puede presentar una "tarjeta amarilla" o una "tarjeta roja" para solicitar una revisión o rechazo de la propuesta por parte de las instituciones europeas.

En el ámbito de la **ratificación de tratados**, los parlamentos nacionales también tienen un papel importante. Los tratados internacionales que afectan a la UE, incluidos los tratados de adhesión y las modificaciones de los tratados fundacionales, deben ser ratificados por los parlamentos nacionales. Esta ratificación asegura que los cambios en el marco legal de la UE cuenten con la aprobación de los representantes elegidos de cada Estado miembro.

Por otro lado, los parlamentos nacionales participan en el **control democrático** sobre las políticas de la UE a través de sus gobiernos nacionales. Los gobiernos, que a menudo están compuestos por miembros de los parlamentos nacionales, representan a sus países en el Consejo de la Unión Europea y en otras instituciones europeas. A través de este mecanismo, los parlamentos pueden influir indirectamente en la formulación de políticas europeas y en la posición de sus gobiernos en las negociaciones.

Finalmente, los parlamentos nacionales también tienen la capacidad de **informar y educar** a sus ciudadanos sobre la política europea. A través de debates, comisiones y publicaciones, los parlamentos nacionales pueden ayudar a aumentar la comprensión pública de la UE y de cómo las políticas europeas afectan a los ciudadanos a nivel local y nacional.

3.5 Relaciones interinstitucionales en el proceso legislativo.

Las relaciones interinstitucionales en el proceso legislativo de la Unión Europea son fundamentales para asegurar un funcionamiento eficiente y coordinado de las instituciones europeas. Estas relaciones reflejan la compleja interacción entre el Parlamento Europeo, el Consejo de la Unión Europea, la Comisión Europea y otras entidades involucradas en la elaboración y adopción de leyes.

La Comisión Europea desempeña un papel central como iniciadora de propuestas legislativas. La Comisión es la única institución con el derecho de presentar propuestas de nuevas leyes o modificaciones a las existentes, basándose en sus prioridades políticas y en la evaluación de necesidades. Una vez presentada una propuesta, la Comisión continúa participando activamente en el proceso legislativo, ofreciendo asistencia técnica y revisando enmiendas y modificaciones propuestas por el Parlamento y el Consejo.

El Parlamento Europeo y el Consejo de la Unión Europea son las dos principales instituciones legislativas que colaboran en el proceso de adopción de leyes. El Parlamento, compuesto por representantes elegidos directamente por los ciudadanos de la UE, y el Consejo, que reúne a los ministros de los Estados miembros, deben llegar a un acuerdo sobre el texto legislativo. Esta colaboración puede implicar intensas negociaciones y compromisos para armonizar las posiciones y asegurar que el texto final sea aceptable para ambas partes.

En el marco del procedimiento legislativo ordinario, el Parlamento y el Consejo actúan en paralelo. El Parlamento examina la propuesta en sus comisiones y en sesiones plenarias, mientras que el Consejo la revisa en sus reuniones ministeriales y grupos de trabajo. La interacción entre estas dos instituciones es clave para la formación del texto legislativo, ya que ambas deben llegar a un consenso para que una propuesta se convierta en ley.

En caso de desacuerdos entre el Parlamento y el Consejo, se convoca un comité de conciliación que incluye representantes de ambas partes. Este comité trabaja para encontrar un compromiso y elaborar una versión final del texto que pueda ser aceptada por ambas instituciones. La fase de conciliación es esencial para evitar bloqueos legislativos y garantizar la adopción de leyes.

Otras instituciones y organismos, como el Tribunal de Justicia de la Unión Europea y el Banco Central Europeo, pueden influir indirectamente en el proceso legislativo. El Tribunal puede emitir dictámenes que afectan la interpretación y aplicación del derecho de la UE, mientras que el BCE puede proporcionar recomendaciones sobre asuntos monetarios y financieros que influyen en la legislación económica.

Capítulo 4:

Fuentes del Derecho de la Unión Europea

4.1 Derecho primario: Tratados fundacionales.

El derecho primario de la Unión Europea se basa en los tratados fundacionales, que constituyen la base jurídica y estructural de la UE. Estos tratados establecen los principios, objetivos y normas fundamentales que guían la integración y el funcionamiento de la Unión. Son el marco legal sobre el cual se construye todo el sistema jurídico de la UE.

El **Tratado de Lisboa**, que entró en vigor en 2009, es uno de los tratados más recientes y significativos. Este tratado reformó y actualizó los anteriores tratados, introduciendo importantes cambios en la estructura institucional y en el proceso de toma de decisiones de la UE. El Tratado de Lisboa consolidó y sustituyó el Tratado de la Unión Europea (TUE) y el Tratado de Funcionamiento de la Unión Europea (TFUE), ambos documentos fundamentales que estructuran el funcionamiento y la gobernanza de la UE.

El **Tratado de la Unión Europea** (TUE) define los objetivos, los principios generales y las competencias de la Unión Europea. Establece la estructura y los principios de funcionamiento de las instituciones europeas y define la relación entre la Unión y sus Estados miembros. El TUE incluye disposiciones sobre los valores fundamentales de la UE, la política exterior y de seguridad común, y la cooperación en justicia y asuntos internos.

El **Tratado de Funcionamiento de la Unión Europea** (TFUE) complementa el TUE al detallar las competencias específicas y los procedimientos legislativos de la UE. Regula áreas como el mercado interior, la política económica y monetaria, y las políticas sectoriales, como la agricultura y la pesca. El TFUE proporciona el marco para la adopción de legislación y para la ejecución de políticas comunitarias.

Los **tratados fundacionales** no solo establecen el marco institucional y jurídico de la Unión, sino que también definen el procedimiento para su modificación. Las enmiendas a estos tratados pueden ser realizadas mediante acuerdos intergubernamentales, que deben ser ratificados por todos los Estados miembros para entrar en vigor.

En conjunto, los tratados fundacionales constituyen el núcleo del derecho primario de la UE. Establecen los principios básicos que guían la integración europea, definen las competencias y funciones de las instituciones, y proporcionan el marco para la adopción y aplicación de la legislación comunitaria. Estos tratados son esenciales para la cohesión y el funcionamiento efectivo de la Unión Europea.

4.2 Derecho secundario: reglamentos, directivas, decisiones, recomendaciones y dictámenes.

El derecho secundario de la Unión Europea está compuesto por los actos legislativos y no legislativos que se derivan del derecho primario y que permiten la aplicación práctica de los tratados. Estos actos se dividen en varias categorías, cada una con sus propias características y efectos.

Los reglamentos son actos legislativos que tienen un carácter general, obligatorio y de aplicación directa en todos los Estados miembros. Al entrar en vigor, un reglamento se convierte en ley en todos los países de la UE sin necesidad de ser transpuesto a la legislación nacional. Los reglamentos se utilizan para garantizar la uniformidad y la cohesión en áreas donde se requiere una aplicación uniforme en toda la Unión, como en el mercado interior y la regulación de productos.

Las directivas son actos legislativos que establecen objetivos y normas que los Estados miembros deben cumplir, pero les permiten flexibilidad en cuanto a la forma y los métodos para alcanzarlos. Las directivas deben ser transpuestas a la legislación nacional dentro de un plazo específico, permitiendo a cada Estado miembro adaptar las directrices de la UE a su contexto nacional. Este mecanismo permite una cierta adaptación a las particularidades locales mientras se asegura que se cumplan los objetivos comunes de la Unión.

Las decisiones son actos vinculantes que se aplican a destinatarios específicos, que pueden ser Estados miembros, empresas o individuos. A diferencia de los reglamentos y directivas, las decisiones no tienen carácter general y solo afectan a aquellos a quienes están dirigidas. Se utilizan, por ejemplo, para la aprobación de ayudas estatales o para la resolución de procedimientos de infracción contra un Estado miembro.

Las recomendaciones y **los dictámenes** son actos no vinculantes que ofrecen orientación y asesoramiento a los Estados miembros y a otras instituciones de la UE. Las recomendaciones permiten a las instituciones europeas sugerir políticas o acciones sin imponer una obligación legal. Los dictámenes, por su parte, ofrecen una evaluación o asesoramiento sobre cuestiones específicas, como la conformidad con el derecho de la UE o la interpretación de los tratados.

4.3 Derecho derivado: actos de ejecución y delegados.

El derecho derivado de la Unión Europea se refiere a los actos que las instituciones de la UE adoptan para aplicar o desarrollar las leyes establecidas por los tratados primarios y el derecho secundario. Estos actos se dividen en dos categorías principales: actos de ejecución y actos delegados, cada uno con diferentes funciones y procesos de adopción.

Los actos de ejecución son adoptados por la Comisión Europea o, en algunos casos, por el Consejo de la Unión Europea, para asegurar la aplicación uniforme y efectiva del derecho de la UE en los Estados miembros. Estos actos detallan y concretan las disposiciones de los reglamentos y directivas, estableciendo procedimientos específicos y normas técnicas necesarias para su implementación. Los actos de ejecución son utilizados cuando es necesario especificar cómo se deben aplicar las leyes para garantizar que se cumplan los objetivos establecidos por el derecho primario y secundario.

Los actos delegados, por otro lado, son una herramienta que permite a la Comisión Europea adoptar medidas para complementar o modificar ciertos elementos no esenciales de la legislación. Estos actos son utilizados para ajustar aspectos técnicos y específicos de la legislación sin necesidad de modificar el texto principal de los tratados o reglamentos. Los actos delegados permiten una mayor flexibilidad y agilidad en la adaptación de la legislación a cambios y desarrollos futuros. La Comisión debe recibir una delegación de poder del Parlamento Europeo y del Consejo para adoptar estos actos, y ambos tienen la posibilidad de revisar y oponerse a ellos.

4.4 Jurisprudencia del Tribunal de Justicia de la Unión Europea.

La jurisprudencia del Tribunal de Justicia de la Unión Europea (TJUE) desempeña un papel fundamental en la interpretación y aplicación del derecho de la UE. Este tribunal, con sede en Luxemburgo, es el órgano judicial encargado de asegurar que el derecho de la Unión se interprete y se aplique de manera uniforme en todos los Estados miembros. La jurisprudencia del TJUE no solo resuelve disputas entre las instituciones de la UE y los Estados miembros, sino que también tiene un impacto significativo en la legislación y en el desarrollo del derecho europeo.

Las decisiones del TJUE se basan en la interpretación de los tratados fundacionales, reglamentos, directivas y otros actos legislativos. A través de sus sentencias, el tribunal clarifica el alcance y la aplicación de las normas de la UE, estableciendo precedentes que deben ser seguidos por los tribunales nacionales y las instituciones europeas. Esta función interpretativa es crucial para garantizar la coherencia y la estabilidad del sistema jurídico de la Unión.

Uno de los aspectos clave de la jurisprudencia del TJUE es la doctrina del **efecto directo**. Esta doctrina establece que ciertos derechos y obligaciones derivadas del derecho de la UE pueden ser invocados directamente por los ciudadanos ante los tribunales nacionales, sin necesidad de que sean incorporados a la legislación nacional. Esta capacidad de invocar directamente el derecho europeo refuerza la eficacia de la legislación de la Unión y proporciona a los ciudadanos una vía directa para hacer valer sus derechos.

Otra doctrina importante desarrollada por el TJUE es la del **principio de la primacía del derecho de la UE**. Según este principio, el derecho de la Unión tiene supremacía sobre el derecho nacional. Esto significa que, en caso de conflicto entre las normas nacionales y europeas, las normas de la UE prevalecen. La primacía asegura la uniformidad y la aplicación efectiva del derecho de la Unión en todos los Estados miembros.

La jurisprudencia del TJUE también abarca la **interpretación de los tratados y la revisión de la validez de los actos legislativos**. El tribunal puede examinar si las acciones de las instituciones europeas están en conformidad con los tratados fundacionales y puede anular actos legislativos si se considera que violan las disposiciones de la UE. Este poder de revisión es esencial para mantener la legalidad y la coherencia dentro del marco jurídico de la Unión.

Además, el TJUE juega un papel crucial en el **control de la legalidad de las acciones de los Estados miembros**. Puede intervenir en casos de incumplimiento por parte de los Estados miembros, asegurando que se respeten las obligaciones derivadas del derecho de la UE. Esta función es fundamental para la eficacia del sistema jurídico europeo y para la protección de los derechos de los ciudadanos.

4.5 Principios generales del Derecho de la UE.

Los principios generales del Derecho de la Unión Europea son normas fundamentales que subyacen en el sistema jurídico de la UE y que guían la interpretación y aplicación del derecho comunitario. Estos principios aseguran que el derecho de la UE se aplique de manera coherente y justa, y reflejan los valores y objetivos centrales de la Unión Europea.

Uno de los principios fundamentales es el **principio de legalidad** o **principio de legalidad y previsibilidad**. Este principio establece que todas las acciones y normas de la Unión deben tener una base legal en los tratados fundacionales. Esto significa que ninguna acción de la UE puede ser adoptada sin una base jurídica específica en los tratados, garantizando que todas las medidas estén adecuadamente autorizadas y sean previsibles para los ciudadanos y los Estados miembros.

El **principio de primacía** del derecho de la UE es otro pilar fundamental. Según este principio, el derecho de la Unión tiene supremacía sobre las legislaciones nacionales. En caso de conflicto entre las normas nacionales y las europeas, las normas de la UE deben prevalecer. Este principio asegura la coherencia y la uniformidad del derecho en todos los Estados miembros, facilitando la integración y la aplicación efectiva del derecho comunitario.

El **principio de igualdad** o **principio de no discriminación** es esencial para garantizar que todos los ciudadanos de la UE sean tratados de manera equitativa. Este principio prohíbe cualquier forma de discriminación por razones de nacionalidad o cualquier otra forma de trato desigual que no esté justificado por objetivos legítimos y proporcionales. Asegura que las políticas y normas de la UE se apliquen de manera justa y equitativa en todos los Estados miembros.

El **principio de proporcionalidad** es otro principio clave. Este principio exige que las medidas adoptadas por la Unión Europea no sean más restrictivas de lo necesario para alcanzar los objetivos establecidos. En otras palabras, cualquier acción o legislación de la UE debe ser adecuada y necesaria para lograr los fines propuestos, sin imponer cargas excesivas a los Estados miembros o a los ciudadanos.

El **principio de protección de los derechos fundamentales** también es crucial. Este principio asegura que todas las acciones y normas de la UE respeten los derechos fundamentales de las personas, como se establece en la Carta de los Derechos Fundamentales de la Unión Europea. Este principio refuerza el compromiso de la UE con el respeto y la promoción de los derechos humanos y las libertades fundamentales.

Finalmente, el **principio de cooperación leal** entre la Unión Europea y los Estados miembros es fundamental para el funcionamiento efectivo del sistema. Este principio exige que tanto la UE como los Estados miembros colaboren de buena fe y se ayuden mutuamente en la implementación y aplicación del derecho comunitario. La cooperación leal es esencial para evitar conflictos y asegurar una integración efectiva de las políticas y leyes de la Unión.

En resumen, los principios generales del Derecho de la UE proporcionan la base sobre la cual se construye y se aplica el sistema jurídico europeo. Estos principios aseguran la coherencia, equidad y efectividad del derecho de la Unión, reflejando los valores fundamentales de la UE y guiando la relación entre las instituciones europeas y los Estados miembros.

Capítulo 5:

Aplicación y Efecto del Derecho de la Unión Europea

5.1 Aplicación directa e inmediata del Derecho de la UE.

La aplicación directa e inmediata del Derecho de la Unión Europea es un concepto fundamental que asegura que las normas de la UE se implementen de manera efectiva y uniforme en todos los Estados miembros. Este principio permite que el derecho de la UE tenga efectos jurídicos directos sobre los ciudadanos y las instituciones sin necesidad de intervención adicional por parte de los gobiernos nacionales.

La aplicación directa se refiere a la capacidad de ciertas disposiciones del derecho de la UE para ser invocadas directamente por los ciudadanos ante los tribunales nacionales. Esta capacidad es particularmente relevante para los reglamentos de la UE, que tienen un carácter general y obligatorio. Los reglamentos se aplican de manera uniforme en todos los Estados miembros sin necesidad de ser transpuestos a la legislación nacional. Esto significa que, desde el momento en que un reglamento entra en vigor, sus disposiciones tienen efecto legal inmediato y pueden ser invocadas por los ciudadanos ante los tribunales nacionales. La aplicación directa asegura que los ciudadanos puedan hacer valer sus derechos y obligaciones derivadas del derecho de la UE de forma inmediata y eficaz.

La aplicación inmediata se refiere a la forma en que ciertas normas de la UE se aplican directamente en los sistemas legales nacionales. Además de los reglamentos, las directivas pueden tener un efecto inmediato en algunos casos, especialmente cuando se han transpuesto correctamente al derecho nacional. Sin embargo, para que una directiva tenga un efecto inmediato, debe cumplir con ciertos requisitos, como ser suficientemente clara y precisa. Cuando una directiva no ha sido transpuesta adecuadamente, los tribunales nacionales deben interpretar el derecho nacional de manera que sea coherente con el objetivo de la directiva, un proceso conocido como "interpretación conforme".

La doctrina del efecto directo juega un papel crucial en la aplicación directa del derecho de la UE. Esta doctrina, desarrollada por el Tribunal de Justicia de la Unión Europea, establece que ciertos artículos de los tratados de la UE y algunas disposiciones de las directivas pueden ser invocados directamente por los ciudadanos ante los tribunales nacionales. Esto permite a los individuos hacer valer sus derechos derivados del derecho de la UE sin tener que esperar a que las normas sean incorporadas a la legislación nacional.

La aplicación inmediata del derecho de la UE también garantiza que los actos legislativos y judiciales de la Unión tengan efectos inmediatos en el sistema legal de los Estados miembros. Esta característica es esencial para mantener la uniformidad y la coherencia en la aplicación del derecho europeo y para asegurar que los objetivos de la Unión se cumplan de manera efectiva en todos los países miembros.

5.2 Principio de primacía del Derecho de la UE.

El principio de primacía del Derecho de la Unión Europea es fundamental para el funcionamiento del sistema jurídico europeo, ya que establece que el derecho de la UE tiene supremacía sobre el derecho nacional de los Estados miembros. Este principio garantiza que las normas y disposiciones de la Unión Europea prevalezcan en caso de conflicto con las leyes nacionales.

El principio de primacía asegura que, cuando existe una discrepancia entre el derecho de la UE y el derecho nacional, las normas europeas deben ser aplicadas y respetadas por encima de las normas nacionales. Esto significa que, en situaciones en las que las leyes de un Estado miembro entren en conflicto con una norma de la UE, la ley de la Unión debe ser la que se aplique. Este principio es esencial para mantener la coherencia y la uniformidad del derecho europeo en todos los Estados miembros.

El Tribunal de Justicia de la Unión Europea (TJUE) ha sido clave en el desarrollo y la consolidación de este principio. A través de su jurisprudencia, el tribunal ha afirmado que el derecho de la UE no solo es aplicable directamente en los Estados miembros, sino que también tiene supremacía sobre las leyes nacionales. En decisiones importantes, el TJUE ha subrayado que las normas de la UE tienen un carácter vinculante y deben ser respetadas incluso si ello requiere la anulación o la modificación de disposiciones nacionales en conflicto.

La primacía del derecho de la UE contribuye a la integración y a la cohesión del sistema jurídico europeo al asegurar que las normas europeas se apliquen de manera uniforme en todos los Estados miembros. Esto permite que las políticas y objetivos de la Unión Europea se implementen eficazmente y garantiza que los derechos y obligaciones derivados del derecho de la UE sean protegidos de manera coherente en toda la Unión.

Sin embargo, la aplicación del principio de primacía también ha planteado desafíos en la práctica, especialmente en relación con la soberanía nacional. Algunos Estados miembros han mostrado resistencia a la aplicación de normas europeas que perciben como intrusivas o incompatibles con sus sistemas legales nacionales. No obstante, el principio de primacía sigue siendo un pilar central del ordenamiento jurídico de la UE, y su aplicación es esencial para el funcionamiento del mercado interior y para la consecución de los objetivos de la Unión.

5.3 Efecto directo y su jurisprudencia.

El efecto directo es una doctrina fundamental del Derecho de la Unión Europea que permite que ciertas disposiciones del derecho de la UE sean invocadas directamente por los ciudadanos ante los tribunales nacionales. Esta doctrina asegura que el derecho comunitario tenga un impacto inmediato y práctico en los sistemas jurídicos de los Estados miembros, facilitando así la aplicación efectiva de las normas europeas.

La doctrina del efecto directo fue establecida por el Tribunal de Justicia de la Unión Europea (TJUE) en su sentencia seminal en el caso **Van Gend en Loos** en 1963. En este caso, el tribunal dictó que las disposiciones de los tratados de la UE pueden tener efecto directo si son suficientemente claras, precisas y incondicionales. Esto significa que los ciudadanos pueden invocar directamente estas disposiciones en tribunales nacionales sin necesidad de que sean transpuestas o incorporadas a la legislación nacional.

El efecto directo se clasifica en dos tipos principales: **efecto directo vertical** y **efecto directo horizontal**. El **efecto directo vertical** permite a los ciudadanos invocar normas de la UE frente al Estado o sus autoridades, mientras que el **efecto directo horizontal** se refiere a la capacidad de invocar normas de la UE en litigios entre particulares. Aunque el efecto directo horizontal no es tan ampliamente aceptado como el vertical, ha sido reconocido en algunos casos, permitiendo a los individuos hacer valer derechos derivados del derecho de la UE en conflictos privados.

El TJUE ha desarrollado y clarificado la doctrina del efecto directo en varios casos adicionales. En la sentencia **Costa contra ENEL (1964)**, el tribunal reafirmó la primacía del derecho de la UE sobre el derecho nacional, subrayando que el derecho comunitario tiene un carácter vinculante y prevalece sobre las leyes nacionales. Este caso consolidó la idea de que el derecho de la UE tiene un efecto inmediato en los sistemas jurídicos de los Estados miembros.

En el caso **Franco-Jazz (1977)**, el TJUE estableció que las directivas también pueden tener efecto directo si son suficientemente claras y precisas. Sin embargo, esto aplica principalmente cuando la directiva ha sido transpuesta incorrectamente o no ha sido adoptada dentro del plazo establecido, permitiendo que los ciudadanos hagan valer sus derechos derivados de la directiva en ausencia de una correcta implementación nacional.

La jurisprudencia del TJUE ha sido crucial para el desarrollo de la doctrina del efecto directo y su aplicación práctica. A través de sus decisiones, el tribunal ha garantizado que el derecho de la UE tenga un impacto tangible y directo en la vida de los ciudadanos, asegurando la efectividad de las normas europeas y promoviendo la integración legal dentro de la Unión.

5.4 Responsabilidad del Estado por incumplimiento del Derecho de la UE.

La responsabilidad del Estado por incumplimiento del Derecho de la Unión Europea es un principio crucial que asegura el cumplimiento de las obligaciones derivadas del derecho comunitario por parte de los Estados miembros. Cuando un Estado miembro no cumple con las normas de la UE, puede ser considerado responsable y enfrentar consecuencias legales.

El mecanismo principal para abordar el incumplimiento es el procedimiento de infracción, que puede ser iniciado por la Comisión Europea. Si la Comisión considera que un Estado miembro no ha cumplido con sus obligaciones bajo el derecho de la UE, puede enviar una carta de emplazamiento, solicitando al Estado que explique su posición o corrija la situación. Si la respuesta no es satisfactoria, la Comisión puede emitir un dictamen motivado, instando al Estado a tomar las medidas necesarias para cumplir con el derecho comunitario. Si el Estado miembro sigue sin cumplir, la Comisión puede llevar el caso al Tribunal de Justicia de la Unión Europea (TJUE).

El TJUE desempeña un papel crucial en el proceso de infracción. Si la Comisión presenta un caso ante el tribunal, el TJUE examina si el Estado miembro ha violado el derecho de la UE. Si el tribunal determina que ha habido una infracción, puede emitir una sentencia que obligue al Estado a cumplir con sus obligaciones. Además, el TJUE puede imponer sanciones financieras, como multas o penalidades, si el incumplimiento persiste después de la sentencia.

El principio de responsabilidad del Estado también permite que los ciudadanos demanden a sus propios Estados miembros por daños causados por el incumplimiento del derecho de la UE. Esta forma de responsabilidad se basa en la doctrina de la responsabilidad extracontractual, que permite a los ciudadanos reclamar compensación por los daños sufridos debido a la falta de cumplimiento de las obligaciones de la UE por parte de su Estado. La jurisprudencia del TJUE ha establecido que para que exista una responsabilidad del Estado, deben cumplirse ciertos criterios, como la existencia de una violación suficientemente grave del derecho de la UE y la existencia de un vínculo directo entre el incumplimiento y el daño causado.

La responsabilidad del Estado por incumplimiento también incluye la obligación de tomar medidas correctivas. Cuando un Estado miembro es hallado en incumplimiento, no solo debe cesar la infracción, sino que también puede ser requerido a adoptar medidas para reparar el daño causado. Esto puede incluir la modificación de la legislación nacional, la adopción de nuevas normas o la implementación de medidas específicas para cumplir con las obligaciones europeas.

5.5 Doctrina de la interpretación conforme.

La doctrina de la interpretación conforme es un principio fundamental en el Derecho de la Unión Europea que permite a los tribunales nacionales interpretar el derecho nacional de manera que sea coherente con las normas y objetivos del derecho comunitario. Este principio busca asegurar que la legislación nacional se aplique de forma que respete y se alinee con las disposiciones y principios del derecho de la UE, incluso cuando las normas nacionales no se hayan adaptado completamente o estén en conflicto con el derecho europeo.

El objetivo principal de la doctrina de la interpretación conforme es garantizar que las leyes nacionales se interpreten de manera que no contradigan los objetivos del derecho de la UE. Esto significa que los tribunales nacionales deben hacer todo lo posible para interpretar las disposiciones de la legislación nacional en un sentido que sea compatible con el derecho comunitario. Este enfoque es esencial para mantener la uniformidad y la efectividad del derecho de la UE en todos los Estados miembros.

La doctrina fue consolidada por el Tribunal de Justicia de la Unión Europea (TJUE) en el caso *Marleasing* (1990), donde el tribunal afirmó que los Estados miembros están obligados a interpretar sus normas nacionales de manera que se ajusten a las directivas de la UE. Según esta doctrina, los jueces nacionales tienen el deber de aplicar el derecho nacional de forma que garantice el cumplimiento de los objetivos de las directivas europeas, incluso si las leyes nacionales no han sido adaptadas específicamente para ello.

La interpretación conforme también se aplica en situaciones en las que una directiva de la UE no ha sido transpuesta correctamente o ha sido transpuesta de manera incompleta. En tales casos, los tribunales nacionales deben interpretar las disposiciones nacionales de manera que se alineen con el objetivo de la directiva, siempre que sea posible. Esto permite que el derecho de la UE tenga efecto práctico y se respete su contenido incluso en ausencia de una transposición completa o adecuada.

Sin embargo, la doctrina de la interpretación conforme tiene límites. Los tribunales nacionales no están obligados a interpretar las normas nacionales en un sentido que contradiga claramente el texto de la legislación nacional o que implique una interpretación que no sea jurídicamente razonable. Además, la interpretación conforme no puede crear derechos u obligaciones que no estén claramente establecidos en el derecho de la UE o en la legislación nacional.

En resumen, la doctrina de la interpretación conforme es un principio crucial para asegurar que el derecho nacional sea compatible con el derecho de la Unión Europea. Permite a los tribunales nacionales interpretar las normas nacionales de manera que respeten y reflejen los objetivos y principios del derecho comunitario, contribuyendo así a la cohesión y uniformidad del sistema jurídico europeo.

Capítulo 6:

Ciudadanía de la Unión Europea

6.1 Concepto y evolución de la ciudadanía europea.

El concepto de ciudadanía europea se refiere a la condición jurídica que confiere a los ciudadanos de los Estados miembros de la Unión Europea derechos y estatus adicionales, que van más allá de la ciudadanía nacional. Esta forma de ciudadanía fue introducida por el Tratado de Maastricht en 1992, como un paso crucial en el proceso de integración europea y como una forma de consolidar una identidad común entre los ciudadanos de la UE.

La ciudadanía europea otorga a los ciudadanos de los Estados miembros una serie de derechos específicos, que incluyen el derecho a circular y residir libremente en cualquier Estado miembro, el derecho a votar y presentarse como candidato en las elecciones al Parlamento Europeo y en las elecciones municipales en el Estado miembro en el que residan, y el derecho a la protección consular por parte de cualquier Estado miembro cuando se encuentren fuera de la UE y su propio país no esté representado. Estos derechos reflejan el compromiso de la Unión Europea de promover una identidad europea compartida y de facilitar la movilidad y participación de sus ciudadanos.

La evolución de la ciudadanía europea ha sido gradual y ha reflejado los cambios en la estructura y los objetivos de la Unión Europea. Inicialmente, el concepto de ciudadanía europea estaba limitado a la participación en el mercado interior y la movilidad. Sin embargo, con el tiempo, se ha ampliado para incluir derechos y responsabilidades más amplias. La Carta de los Derechos Fundamentales de la Unión Europea, proclamada en 2000 y vinculante desde el Tratado de Lisboa en 2009, ha jugado un papel importante en la consolidación y expansión de los derechos asociados con la ciudadanía europea, proporcionando una base sólida para la protección de los derechos humanos y las libertades fundamentales en toda la Unión.

La evolución de la ciudadanía europea también ha estado marcada por el desarrollo de políticas y programas que fomentan la participación activa de los ciudadanos en la vida pública europea. Programas como Erasmus+, que facilita la movilidad de estudiantes y jóvenes a través de la UE, y el aumento de las oportunidades para participar en la toma de decisiones a nivel europeo, han contribuido a fortalecer el sentido de pertenencia y la identidad europea entre los ciudadanos.

Además, la ciudadanía europea ha enfrentado desafíos y debates, especialmente en relación con la integración y la relación entre la identidad nacional y la identidad europea. Los debates sobre el equilibrio entre los derechos europeos y las competencias nacionales, así como sobre la inclusión de ciudadanos de terceros países y la gestión de la inmigración, han influido en la evolución y el desarrollo del concepto de ciudadanía europea.

6.2 Derechos fundamentales de los ciudadanos de la UE.

Los derechos fundamentales de los ciudadanos de la Unión Europea son un componente esencial del sistema jurídico europeo, diseñados para proteger y promover las libertades y derechos básicos en todo el territorio de la UE. Estos derechos están consagrados en diversos documentos y tratados, siendo la Carta de los Derechos Fundamentales de la Unión Europea el instrumento central en este ámbito.

La **Carta de los Derechos Fundamentales** de la Unión Europea, que se convirtió en vinculante con la entrada en vigor del Tratado de Lisboa en 2009, establece una amplia gama de derechos que abarcan tanto derechos civiles y políticos como derechos económicos y sociales. Entre estos derechos se incluyen la dignidad humana, el derecho a la vida, la protección de la vida privada, la libertad de expresión, y el derecho a un juicio justo. La carta también aborda derechos más amplios, como el derecho a la igualdad y la no discriminación, los derechos de los trabajadores, y el derecho a la protección social y económica.

El **derecho a la dignidad humana** es fundamental y abarca la prohibición de la tortura y de tratos inhumanos o degradantes, así como el derecho al respeto por la vida privada y familiar. Este derecho subraya la importancia de la dignidad individual en el marco de la legislación de la UE.

Los **derechos civiles y políticos** incluyen libertades fundamentales como la libertad de pensamiento, de conciencia y de religión, así como la libertad de expresión y de prensa. También se garantiza el derecho a la participación política, que permite a los ciudadanos votar y presentarse como candidatos en las elecciones al Parlamento Europeo y en las elecciones municipales en su Estado miembro de residencia.

En cuanto a los **derechos económicos y sociales**, la Carta asegura derechos como la protección social, el derecho a un nivel de vida adecuado, y el derecho a la educación y a la formación profesional. Estos derechos buscan promover el bienestar y la igualdad de oportunidades para todos los ciudadanos de la UE.

El **principio de no discriminación** es otro aspecto clave de los derechos fundamentales, garantizando que ninguna persona sea discriminada por motivos de género, raza, origen étnico, religión, discapacidad, edad, u orientación sexual. Este principio está diseñado para asegurar que todos los ciudadanos tengan igualdad de oportunidades y acceso a derechos y servicios en toda la UE.

Además de la Carta, el **Derecho de la UE** también protege los derechos fundamentales a través de la jurisprudencia del Tribunal de Justicia de la Unión Europea (TJUE). El TJUE ha desempeñado un papel crucial en la interpretación y aplicación de estos derechos, asegurando que las normas de la UE se alineen con los estándares de derechos fundamentales establecidos en la Carta.

6.3 Libertad de circulación y residencia.

La libertad de circulación y residencia es uno de los derechos fundamentales más importantes que confiere la ciudadanía de la Unión Europea. Este derecho permite a los ciudadanos de la UE moverse y residir libremente en cualquier Estado miembro, facilitando la movilidad dentro del mercado único europeo y promoviendo una integración más profunda entre los países.

La libertad de circulación permite a los ciudadanos de la UE viajar a cualquier otro Estado miembro sin necesidad de un visado. Este derecho incluye la capacidad de entrar, salir y transitar por los países de la UE con total libertad. Además, esta libertad se extiende a los ciudadanos de la UE que deseen residir en otro Estado miembro. La normativa europea establece que cualquier ciudadano de la UE tiene el derecho a vivir en otro Estado miembro durante un período de hasta tres meses sin necesidad de cumplir requisitos adicionales. Para estancias más largas, los ciudadanos deben cumplir con ciertas condiciones, como disponer de recursos suficientes para no convertirse en una carga para el sistema social del Estado receptor y contar con un seguro de salud adecuado.

El derecho a la residencia permite a los ciudadanos de la UE establecerse en otro Estado miembro de manera permanente. Para ello, es necesario cumplir con ciertos requisitos que pueden variar entre los Estados miembros, pero que generalmente incluyen demostrar la capacidad para mantenerse económicamente y tener acceso a la atención médica. La legislación de la UE también garantiza que, después de cinco años de residencia continua, los ciudadanos de la UE adquieren el derecho a la residencia permanente en el Estado miembro de acogida, con lo que obtienen una mayor estabilidad y seguridad en su estatus.

Los derechos asociados con la libertad de circulación y residencia también incluyen el acceso a la educación y a los servicios sociales en el Estado miembro de residencia. Los ciudadanos de la UE que se mudan a otro país tienen derecho a que sus títulos educativos sean reconocidos y a acceder a los servicios educativos en igualdad de condiciones con los ciudadanos del país anfitrión. Asimismo, tienen derecho a recibir prestaciones sociales bajo las mismas condiciones que los ciudadanos nacionales.

La protección contra la expulsión es otro aspecto importante de este derecho. Los ciudadanos de la UE no pueden ser expulsados de un Estado miembro, salvo en casos excepcionales relacionados con la seguridad pública o el orden público. Además, cualquier expulsión debe ser realizada de conformidad con las leyes y procedimientos establecidos por el Estado miembro receptor, y debe respetar los derechos fundamentales del individuo.

6.4 Derechos políticos y electorales.

Los derechos políticos y electorales de los ciudadanos de la Unión Europea son fundamentales para el funcionamiento democrático de la UE y para garantizar la participación de los ciudadanos en el proceso de toma de decisiones a nivel europeo. Estos derechos permiten a los ciudadanos influir en la política y en la dirección futura de la Unión, promoviendo la representación y la legitimidad del sistema político europeo.

El derecho al voto en las elecciones al Parlamento Europeo es uno de los derechos políticos más importantes para los ciudadanos de la UE. Este derecho permite a los ciudadanos elegir a sus representantes en el Parlamento Europeo, que es la institución que representa a los pueblos de la UE y que tiene un papel crucial en el proceso legislativo. Los ciudadanos de la UE pueden votar en las elecciones al Parlamento Europeo en el Estado miembro en el que residan, incluso si no son ciudadanos de ese país. Este derecho busca asegurar que todos los ciudadanos tengan la oportunidad de participar en la elección de los representantes que influyen en la legislación europea.

El derecho a presentarse como candidato en las elecciones al Parlamento Europeo es otro aspecto fundamental de los derechos políticos. Los ciudadanos de la UE tienen el derecho de postularse como candidatos en las elecciones europeas en cualquier Estado miembro, siempre que cumplan con los requisitos establecidos por la legislación electoral del país en cuestión. Esto facilita la representación de una diversidad de puntos de vista y fomenta la participación activa en el proceso político europeo.

Los derechos electorales también se extienden a las elecciones municipales. Los ciudadanos de la UE tienen el derecho a votar y a presentarse como candidatos en las elecciones municipales en el Estado miembro en el que residan, independientemente de su nacionalidad. Este derecho refuerza la participación en la toma de decisiones locales y promueve la integración en las comunidades locales, permitiendo a los ciudadanos europeos influir en las políticas que afectan directamente a su entorno cotidiano.

Además de los derechos electorales, los ciudadanos de la UE disfrutan de una serie de derechos políticos generales, como el derecho a la libertad de asociación y el derecho a la participación en la vida política. Estos derechos permiten a los ciudadanos involucrarse en actividades políticas, unirse a partidos políticos, y participar en manifestaciones y otras formas de expresión política. La libertad de expresión y el derecho a la información también son fundamentales para asegurar que los ciudadanos puedan tomar decisiones informadas y participar activamente en el debate político.

La participación ciudadana en los procesos de consulta y en la iniciativa legislativa ciudadana también forma parte de los derechos políticos de los ciudadanos de la UE. La iniciativa legislativa ciudadana permite a los ciudadanos proponer cambios legislativos en la UE si recogen un millón de firmas de ciudadanos de al menos un cuarto de los Estados miembros. Esto ofrece una vía adicional para que los ciudadanos influyan en la legislación europea y contribuyan al proceso democrático.

6.5 Protección consular y diplomática.

La protección consular y diplomática es un derecho fundamental para los ciudadanos de la Unión Europea que se encuentran fuera de su país de origen. Este derecho garantiza que los ciudadanos de la UE reciban asistencia y protección de sus Estados miembros en situaciones en las que no estén representados por sus propios consulados o embajadas en un país tercero.

La protección consular se refiere al derecho de los ciudadanos de la UE a recibir asistencia consular de cualquier Estado miembro cuando se encuentren en un país fuera de la UE y el país de su ciudadanía no tenga representación consular allí. Esto incluye asistencia en situaciones de emergencia, como problemas legales, problemas de salud graves, o situaciones de crisis, así como la asistencia en la repatriación en caso de necesidad. La protección consular también puede implicar ayuda con la obtención de documentos de viaje o asistencia en caso de arresto o detención.

La protección diplomática implica que los ciudadanos de la UE pueden recibir ayuda diplomática en casos de violaciones graves de derechos humanos o en situaciones de conflicto en el país en el que se encuentren. Aunque la protección diplomática suele estar más asociada con la intervención del Estado miembro al que pertenece el ciudadano, en el contexto de la UE, también puede ser proporcionada por otros Estados miembros. Esta asistencia se coordina para garantizar que los ciudadanos tengan acceso a la protección necesaria y a las medidas de apoyo adecuadas.

La legislación europea establece que cada Estado miembro debe proporcionar asistencia consular a los ciudadanos de la UE en el exterior y debe cooperar con otros Estados miembros para asegurar que todos los ciudadanos reciban la protección adecuada. En situaciones donde un ciudadano no puede obtener asistencia de su propio país, cualquier otro Estado miembro puede intervenir para ofrecer ayuda consular y diplomática. Esto refuerza la solidaridad entre los Estados miembros y asegura una red de protección más amplia para todos los ciudadanos de la UE.

El Tratado de Lisboa introdujo un mecanismo para reforzar la protección consular y diplomática en el artículo 46 del Tratado de Funcionamiento de la Unión Europea, que permite a la Unión Europea coordinar y proporcionar asistencia consular a través del Servicio Europeo de Acción Exterior. Este enfoque colaborativo busca garantizar que, en caso de emergencia, todos los ciudadanos de la UE tengan acceso a apoyo consular, independientemente del Estado miembro al que pertenezcan.

En resumen, la protección consular y diplomática para los ciudadanos de la Unión Europea asegura que, incluso fuera de su país de origen, reciban asistencia y apoyo en situaciones de emergencia y crisis. Este derecho refleja el compromiso de la UE con la protección y el bienestar de sus ciudadanos, promoviendo la cooperación entre los Estados miembros para ofrecer una red de seguridad y asistencia eficaz en el extranjero.

Capítulo 7:

Mercado Interior de la Unión Europea

7.1 Concepto y objetivos del mercado interior.

El Mercado Interior de la Unión Europea es uno de los pilares fundamentales de la integración europea, diseñado para promover la libre circulación de bienes, servicios, capitales y personas entre los Estados miembros. Su principal objetivo es crear un espacio económico único y cohesionado que permita a las empresas y ciudadanos de la UE operar con mayor libertad y eficiencia, eliminando barreras que obstaculicen el comercio y la inversión.

El concepto del Mercado Interior se basa en la creación de un área sin fronteras internas dentro de la Unión Europea. Esto implica la eliminación de obstáculos al comercio y a la movilidad, tales como aranceles, controles fronterizos y regulaciones incompatibles entre los países miembros. La integración económica promovida por el Mercado Interior busca generar un entorno competitivo y dinámico, que favorezca el crecimiento económico y el empleo en toda la región.

Uno de los principales objetivos del Mercado Interior es **facilitar el comercio y la inversión** entre los Estados miembros al eliminar las barreras comerciales. Esto se logra mediante la armonización de normativas y estándares técnicos, que permite a las empresas operar en diferentes países sin enfrentarse a requisitos divergentes. La eliminación de aranceles y cuotas aduaneras también contribuye a reducir los costos de transacción y a aumentar la eficiencia del comercio intraeuropeo.

Otro objetivo crucial es **promover la libre circulación de personas**, lo que permite a los ciudadanos de la UE residir, trabajar y estudiar en cualquier Estado miembro sin restricciones. Esta libertad de movimiento no solo beneficia a los individuos, al ofrecerles mayores oportunidades, sino que también contribuye a una mayor movilidad laboral y al ajuste dinámico del mercado de trabajo en toda la Unión.

El **mercado único también se enfoca en la libre circulación de capitales**, permitiendo a los inversores transferir y utilizar fondos en diferentes países de la UE sin restricciones. Esto facilita la inversión transfronteriza y el acceso a los mercados financieros europeos, fortaleciendo la integración económica y fomentando un entorno financiero estable y competitivo.

Finalmente, el objetivo del Mercado Interior es **crear un espacio de competencia equitativa** que impulse la innovación y la eficiencia. Al eliminar barreras y ofrecer un campo de juego nivelado, el Mercado Interior fomenta la competencia entre empresas, lo que puede llevar a mejores productos y servicios, y a precios más bajos para los consumidores.

7.2 Libre circulación de bienes.

La libre circulación de bienes es un principio esencial del Mercado Interior de la Unión Europea, destinado a eliminar las barreras comerciales entre los Estados miembros. Este principio permite que los bienes se muevan libremente a través de las fronteras sin restricciones innecesarias, facilitando el comercio y promoviendo la integración económica dentro del mercado único europeo.

La libre circulación de bienes se basa en la eliminación de aranceles aduaneros y cuotas de importación entre los Estados miembros. Esto significa que los bienes producidos en un país de la UE pueden ser vendidos y comprados en cualquier otro país miembro sin enfrentar aranceles adicionales. Al eliminar estos costos, se reduce el precio final de los productos y se ofrece a las empresas europeas acceso a un mercado más amplio sin barreras fiscales.

Además de la eliminación de aranceles, este principio también implica la armonización de normativas y estándares. Los productos deben cumplir con los requisitos técnicos y de seguridad establecidos a nivel europeo para ser comercializados en todos los Estados miembros sin necesidad de adaptaciones adicionales. Esta armonización evita que las diferencias en las regulaciones nacionales se conviertan en barreras para el comercio, facilitando la venta de productos en toda la UE.

Otro aspecto importante es el principio de reconocimiento mutuo. Este principio establece que un bien que cumple con las normativas de un Estado miembro debe ser aceptado en todos los demás países de la UE, incluso si esos países tienen requisitos técnicos diferentes. El reconocimiento mutuo permite que los productos que cumplen con las normas de un país sean vendidos en otros países sin tener que cumplir con requisitos adicionales, lo que promueve la eficiencia y reduce los costos para los fabricantes.

La libre circulación de bienes también se respalda por la protección contra restricciones no arancelarias, como barreras técnicas al comercio. La UE ha desarrollado directivas y regulaciones para garantizar que los productos puedan circular libremente sin enfrentar obstáculos injustificados o discriminatorios en las fronteras.

7.3 Libre circulación de personas, servicios y capitales.

La libre circulación de personas, servicios y capitales es uno de los principios esenciales del Mercado Interior de la Unión Europea, diseñado para promover un espacio económico integrado y dinámico. Cada uno de estos aspectos contribuye a la cohesión y al crecimiento económico en la región, facilitando la movilidad y la integración dentro del mercado único europeo.

La libre circulación de personas permite a los ciudadanos de la Unión Europea residir, trabajar, estudiar y moverse libremente en cualquier Estado miembro. Este principio elimina las restricciones y barreras que podrían dificultar la movilidad laboral y personal, favoreciendo así la integración y la cohesión entre los países. Los ciudadanos pueden buscar empleo, acceder a oportunidades educativas y disfrutar de una calidad de vida mejorada en cualquier parte de la UE, promoviendo la igualdad de oportunidades y el desarrollo profesional.

La libre circulación de servicios se refiere a la capacidad de las empresas y profesionales para ofrecer sus servicios en toda la Unión Europea sin enfrentar restricciones innecesarias. Esto incluye la eliminación de barreras regulatorias y burocráticas que puedan limitar la prestación de servicios transfronterizos. Al permitir que los proveedores de servicios operen en diferentes Estados miembros sin restricciones, se fomenta la competencia y se incrementa la calidad y la variedad de servicios disponibles para los consumidores. Este principio abarca una amplia gama de sectores, incluyendo servicios financieros, legales y de telecomunicaciones, entre otros.

La libre circulación de capitales implica la posibilidad de transferir y utilizar dinero y activos financieros en cualquier Estado miembro sin restricciones. Esto facilita la inversión y el comercio en toda la Unión Europea, permitiendo a los inversores y empresas acceder a los mercados financieros de otros países con mayor facilidad. La eliminación de barreras a la movilidad del capital promueve la integración de los mercados financieros europeos, mejora la eficiencia del sistema financiero y apoya el crecimiento económico a través de una mayor fluidez en la inversión y el financiamiento.

En conjunto, estos principios de libre circulación contribuyen a la creación de un mercado único en el que los ciudadanos, las empresas y los capitales pueden moverse con libertad y sin obstáculos. La integración y la cohesión promovidas por la libre circulación de personas, servicios y capitales son fundamentales para el desarrollo económico de la Unión Europea, garantizando un entorno competitivo y dinámico que beneficia tanto a los consumidores como a las empresas.

7.4 Armonización normativa y eliminación de barreras.

La armonización normativa y la eliminación de barreras son procesos clave para el funcionamiento efectivo del Mercado Interior de la Unión Europea. Estos mecanismos facilitan la integración económica y aseguran una mayor coherencia en las regulaciones que afectan el comercio y la movilidad dentro del mercado único europeo.

La armonización normativa se refiere al proceso de alinear las legislaciones y regulaciones de los Estados miembros de la UE para asegurar que existan estándares comunes en áreas clave. Esta armonización busca eliminar discrepancias y diferencias en las normativas nacionales que podrían obstaculizar el comercio y la cooperación transfronteriza. Al establecer un marco regulatorio uniforme, se facilita la circulación de bienes, servicios y personas entre los países miembros, promoviendo una mayor eficiencia y reduciendo los costos para las empresas que operan en múltiples países. La armonización normativa se aplica en diversos ámbitos, como la seguridad de los productos, la protección del consumidor y la regulación financiera.

La eliminación de barreras complementa la armonización normativa al abordar y remover obstáculos específicos que impiden el libre flujo de mercancías y servicios dentro del mercado único. Estas barreras pueden ser de carácter físico, como controles aduaneros o restricciones en la frontera, o de carácter técnico, como regulaciones nacionales que crean dificultades para la comercialización de productos en otros Estados miembros. La UE trabaja para eliminar estas barreras mediante la implementación de políticas y directivas que simplifican y estandarizan los procedimientos y requisitos, garantizando que los productos y servicios puedan moverse libremente sin enfrentarse a restricciones innecesarias.

Ambos procesos, la armonización normativa y la eliminación de barreras, son esenciales para crear un mercado único que funcione de manera fluida y eficiente. Al reducir las diferencias regulatorias y eliminar obstáculos comerciales, se fomenta una mayor integración económica, se promueve la competencia justa y se maximiza el potencial de crecimiento y desarrollo dentro de la Unión Europea. Estos esfuerzos contribuyen a un entorno de negocios más competitivo y atractivo, beneficiando tanto a los consumidores como a las empresas en toda la región.

7.5 Política de competencia y control de ayudas estatales.

La política de competencia y el control de ayudas estatales son componentes fundamentales del Mercado Interior de la Unión Europea, diseñados para asegurar un entorno económico competitivo y justo. Estas políticas son esenciales para prevenir prácticas desleales y garantizar que el mercado funcione de manera equitativa.

La política de competencia de la Unión Europea tiene como objetivo principal promover una competencia efectiva dentro del mercado único. Esto implica la vigilancia y regulación de las prácticas empresariales para evitar comportamientos anticompetitivos que puedan distorsionar el mercado. Entre las prácticas que se supervisan se incluyen los acuerdos entre empresas que puedan restringir la competencia, como los cárteles, y el abuso de posición dominante por parte de grandes empresas que podrían perjudicar a competidores más pequeños. La Comisión Europea desempeña un papel clave en la aplicación de las normas de competencia, llevando a cabo investigaciones y tomando medidas correctivas para garantizar un mercado competitivo y dinámico.

El control de ayudas estatales se centra en regular y supervisar las ayudas financieras otorgadas por los Estados miembros a sus empresas. El objetivo de esta regulación es evitar que las ayudas estatales distorsionen la competencia al proporcionar a las empresas beneficiarias una ventaja injusta sobre sus competidores en otros países de la UE. Las ayudas pueden adoptar diversas formas, como subsidios directos, exenciones fiscales o apoyo financiero a proyectos específicos. La Comisión Europea evalúa y autoriza estas ayudas para asegurar que sean compatibles con el mercado único y no perjudiquen la competencia leal. Existen ciertas excepciones y criterios bajo los cuales se pueden conceder ayudas, especialmente para promover objetivos de interés común, como el desarrollo regional o la innovación.

Ambas políticas trabajan en conjunto para garantizar que el Mercado Interior de la Unión Europea funcione de manera equitativa y competitiva. La política de competencia asegura que las empresas operen en un entorno justo y abierto, mientras que el control de ayudas estatales previene prácticas que podrían distorsionar la competencia. Estos mecanismos son fundamentales para mantener la integridad del mercado único y fomentar un entorno económico en el que todas las empresas puedan competir en igualdad de condiciones.

Capítulo 8:

Unión Económica y Monetaria

8.1 Historia y evolución de la Unión Económica y Monetaria.

La historia y evolución de la Unión Económica y Monetaria (UEM) de la Unión Europea es una narrativa de integración económica y cooperación monetaria que ha transformado el paisaje económico del continente europeo. La UEM representa un avance significativo hacia la creación de un mercado único más cohesionado, facilitando el comercio y la estabilidad económica entre los Estados miembros.

El proceso hacia la UEM comenzó con la firma del Tratado de Maastricht en 1992, que marcó un hito crucial en la integración económica de la UE. Este tratado estableció los fundamentos para una unión económica y monetaria al definir las etapas para la introducción de una moneda única y establecer criterios de convergencia que los países debían cumplir para adoptar el euro. La implementación del Tratado de Maastricht fue un paso decisivo hacia una mayor integración económica, con el objetivo de crear una unión que permitiera una política monetaria común y una mayor estabilidad económica en la región.

La primera fase de la UEM, que comenzó en 1993, se centró en la coordinación de las políticas económicas y la consolidación de las economías nacionales. Durante esta fase, se establecieron mecanismos para asegurar que los países miembros alinearan sus políticas económicas y financieras con los requisitos para la integración monetaria. Esto incluyó la implementación de reformas económicas y la adherencia a los criterios de convergencia, como la estabilidad de precios, la sostenibilidad de las finanzas públicas y la estabilidad del tipo de cambio.

La segunda fase, que empezó en 1999, fue la introducción del euro como moneda única para las transacciones electrónicas y financieras, mientras que las monedas nacionales continuaron en circulación en forma de billetes y monedas hasta su completa sustitución. Esta fase significó el inicio de una política monetaria común gestionada por el Banco Central Europeo (BCE), que asumió la responsabilidad de la política monetaria para todos los países que adoptaron el euro. El BCE fue creado para mantener la estabilidad de precios y gestionar la política monetaria en beneficio de la zona euro.

Finalmente, en 2002, la tercera fase de la UEM se completó con la introducción física del euro en forma de billetes y monedas, reemplazando las monedas nacionales en los países miembros de la zona euro. Esta fase consolidó la unión económica y monetaria, facilitando el comercio y la inversión transfronteriza, eliminando los riesgos de cambio de divisas y fortaleciendo la integración económica en la región. La adopción del euro contribuyó a una mayor estabilidad económica y a la promoción de una mayor cooperación entre los países miembros.

Desde su implementación, la UEM ha enfrentado diversos desafíos, incluidos problemas económicos y financieros, como la crisis de la deuda soberana que afectó a varios países de la zona euro en la última década. Sin embargo, la UEM ha demostrado ser un pilar fundamental de la integración europea, proporcionando una base para una política económica común y una mayor estabilidad en la región. La evolución de la UEM continúa siendo un proceso dinámico, con esfuerzos en curso para fortalecer la gobernanza económica y mejorar la resiliencia de la economía de la zona euro.

8.2 El euro y el Sistema Europeo de Bancos Centrales.

El euro y el Sistema Europeo de Bancos Centrales (SEBC) son elementos clave en la estructura de la Unión Económica y Monetaria de la Unión Europea, desempeñando roles fundamentales en la gestión de la política monetaria y en el funcionamiento del mercado único.

El **euro** es la moneda única adoptada por los países de la zona euro, que actualmente incluye a 20 de los 27 Estados miembros de la Unión Europea. Introducido inicialmente como moneda electrónica en 1999 y posteriormente en forma de billetes y monedas en 2002, el euro ha sido un símbolo de la integración económica europea y un pilar central de la Unión Económica y Monetaria. Su adopción ha facilitado el comercio y la inversión transfronteriza, eliminado los riesgos asociados con las fluctuaciones de divisas y reducido los costos de transacción en el mercado interno. El euro también ha proporcionado una mayor estabilidad económica y una plataforma común para la política monetaria en la zona euro, permitiendo una gestión más coordinada y eficiente de la economía.

El **Sistema Europeo de Bancos Centrales (SEBC),** que incluye al Banco Central Europeo (BCE) y a los bancos centrales nacionales de los Estados miembros de la UE, es responsable de la política monetaria en la zona euro. El BCE, con sede en Frankfurt, es la institución central del SEBC y se encarga de mantener la estabilidad de precios y garantizar la integridad del euro. Su mandato principal es la política monetaria, con el objetivo de mantener la inflación en niveles bajos y estables, promoviendo así el crecimiento económico sostenible y la estabilidad financiera.

El SEBC coordina y supervisa la política monetaria en toda la zona euro, implementando medidas como la fijación de tipos de interés y la realización de operaciones de mercado abierto para regular la oferta de dinero y el costo del crédito. Además, el SEBC asegura la estabilidad y el buen funcionamiento del sistema financiero a través de la supervisión bancaria y la regulación de las entidades financieras.

La colaboración entre el BCE y los bancos centrales nacionales es crucial para el funcionamiento del SEBC. Los bancos centrales nacionales aportan su experiencia local y facilitan la implementación de las políticas monetarias del BCE en sus respectivos países. Esta estructura descentralizada permite que el SEBC maneje eficazmente las políticas monetarias y financieras a nivel europeo, al tiempo que considera las particularidades y necesidades locales.

En conjunto, el euro y el Sistema Europeo de Bancos Centrales forman el núcleo del marco monetario de la Unión Europea, proporcionando estabilidad económica, facilitando la integración de los mercados financieros y apoyando el crecimiento económico en la región. La gestión eficaz de la política monetaria y la estabilidad del euro son esenciales para el buen funcionamiento del mercado único y la prosperidad económica en la zona euro.

8.3 Política monetaria y fiscal en la zona euro.

La política monetaria y fiscal en la zona euro son componentes esenciales de la gestión económica dentro del marco de la Unión Económica y Monetaria. Ambas políticas juegan roles distintos pero complementarios en el mantenimiento de la estabilidad económica y el crecimiento en la región.

La política monetaria en la zona euro es gestionada por el Banco Central Europeo (BCE) y el Sistema Europeo de Bancos Centrales (SEBC). El BCE se encarga de definir y ejecutar la política monetaria con el objetivo primordial de mantener la estabilidad de precios. Esto se logra a través de la regulación de las tasas de interés, la realización de operaciones de mercado abierto y el control de la oferta de dinero. El BCE ajusta los tipos de interés para influir en el costo del crédito y la liquidez en la economía, buscando mantener la inflación en niveles bajos y estables. La política monetaria del BCE también incluye la supervisión y regulación del sistema financiero para garantizar su estabilidad y buen funcionamiento.

La política fiscal, en contraste, es competencia de los Estados miembros de la zona euro y se refiere a la gestión de los ingresos y gastos públicos. Cada país mantiene la autonomía para diseñar su política fiscal, que incluye la elaboración de presupuestos nacionales, la recaudación de impuestos y la realización de gastos gubernamentales. Sin embargo, los Estados miembros deben cumplir con las normas fiscales establecidas en el Tratado de Maastricht y el Pacto de Estabilidad y Crecimiento, que buscan asegurar la sostenibilidad fiscal y evitar déficits y niveles de deuda excesivos. Estas normas incluyen límites sobre el déficit presupuestario y la deuda pública para prevenir el riesgo de desestabilización económica en la región.

La interacción entre la política monetaria y fiscal en la zona euro es crucial para la estabilidad económica. Mientras que el BCE se enfoca en la estabilidad de precios y la regulación monetaria, la política fiscal de los Estados miembros debe coordinarse de manera que apoye el crecimiento económico sin comprometer la estabilidad financiera general. La combinación efectiva de políticas monetarias y fiscales ayuda a abordar tanto las fluctuaciones económicas como los desafíos estructurales, garantizando un entorno económico equilibrado y resiliente.

8.4 Gobernanza económica y el Pacto de Estabilidad y Crecimiento.

La gobernanza económica en la Unión Europea y el Pacto de Estabilidad y Crecimiento (PEC) son fundamentales para asegurar la estabilidad económica y la cohesión dentro de la zona euro. Estos mecanismos están diseñados para coordinar las políticas económicas de los Estados miembros y garantizar la sostenibilidad fiscal a lo largo del tiempo.

La **gobernanza económica** en la UE se refiere al conjunto de normas y procedimientos que regulan la gestión de la política económica y fiscal en los Estados miembros. Este sistema busca coordinar las políticas económicas nacionales para asegurar que sean compatibles con los objetivos de estabilidad y crecimiento del mercado único. La gobernanza económica abarca diversos mecanismos de coordinación y supervisión, incluyendo el seguimiento de las políticas fiscales nacionales y la implementación de recomendaciones para asegurar el cumplimiento de las normas europeas. Las instituciones europeas, como la Comisión Europea y el Consejo de la UE, desempeñan un papel crucial en la vigilancia y evaluación de las políticas económicas y fiscales de los países miembros.

El **Pacto de Estabilidad y Crecimiento (PEC)** es un marco normativo diseñado para asegurar que los Estados miembros mantengan una política fiscal prudente y sostenible. Establecido en 1997 y reformado en varias ocasiones, el PEC establece criterios específicos para los déficits y la deuda pública que los países deben cumplir. En particular, el Pacto estipula que el déficit presupuestario no debe superar el 3% del Producto Interno Bruto (PIB) y que la deuda pública debe mantenerse por debajo del 60% del PIB. Estos límites buscan prevenir problemas fiscales que podrían desestabilizar la economía de la zona euro.

El PEC se compone de dos componentes principales: el **Pacto Preventivo** y el **Pacto Correctivo**. El Pacto Preventivo se centra en la planificación y la previsión a largo plazo, incentivando a los países a mantener políticas fiscales saludables incluso durante los períodos de crecimiento económico. El Pacto Correctivo, por otro lado, entra en acción cuando un país no cumple con los criterios establecidos, proporcionando un marco para la corrección de déficits excesivos y el ajuste de políticas fiscales para restablecer el equilibrio.

Ambos mecanismos de gobernanza económica y el PEC son esenciales para el funcionamiento efectivo del mercado único europeo. A través de la supervisión y regulación de las políticas fiscales y económicas, se busca garantizar la estabilidad macroeconómica, promover el crecimiento sostenible y proteger la integridad de la zona euro. La cooperación y el cumplimiento de estas normas son cruciales para mantener un entorno económico equilibrado y evitar la proliferación de desequilibrios que puedan afectar negativamente la estabilidad financiera y económica en la región.

8.5 Crisis económicas y mecanismos de rescate.

Las crisis económicas en la Unión Europea han puesto a prueba la resiliencia del sistema económico y financiero, llevando a la implementación de diversos mecanismos de rescate para estabilizar la región y mitigar los impactos de las perturbaciones económicas. Estos mecanismos han sido fundamentales para la gestión de crisis y la preservación de la integridad del mercado único europeo.

Durante la crisis financiera global de 2008 y la subsiguiente crisis de deuda soberana en la eurozona, varios países enfrentaron graves problemas económicos y fiscales que amenazaron la estabilidad de la región. La crisis de deuda, en particular, afectó a varios miembros de la zona euro, que enfrentaron altos niveles de deuda pública y déficits presupuestarios elevados. Esta situación llevó a la necesidad de intervenciones a nivel europeo para evitar una crisis financiera más profunda y garantizar la estabilidad económica en la región.

Para abordar estas crisis, la Unión Europea implementó varios mecanismos de rescate diseñados para proporcionar asistencia financiera y estabilizar las economías afectadas. Uno de los principales mecanismos fue el **Mecanismo Europeo de Estabilidad (MEDE)**, establecido en 2012. El MEDE se creó para ofrecer apoyo financiero a los países de la zona euro que enfrentaran dificultades financieras y para garantizar la estabilidad financiera en la región. El MEDE puede proporcionar préstamos a los países en dificultades bajo ciertas condiciones, como la implementación de reformas económicas y políticas fiscales.

Además del MEDE, se estableció el **Fondo Europeo de Estabilidad Financiera (FEEF),** que operó temporalmente antes de la creación del MEDE. El FEEF también ofreció asistencia financiera a los países en problemas y ayudó a estabilizar los mercados financieros durante la crisis. El **Fondo de Resolución Único (FRU),** creado en el marco de la Unión Bancaria, también desempeña un papel en la gestión de crisis bancarias, proporcionando un mecanismo para resolver entidades financieras en problemas sin recurrir a rescates con fondos públicos.

Estos mecanismos de rescate no solo proporcionan asistencia financiera, sino que también están vinculados a programas de ajuste económico y reformas estructurales que los países beneficiarios deben implementar. Estos programas buscan restaurar la estabilidad económica y fiscal a largo plazo y garantizar que los países receptores puedan volver a un camino de crecimiento sostenible.

La gestión de crisis económicas en la Unión Europea ha evolucionado con el tiempo, y los mecanismos de rescate han sido fundamentales para enfrentar desafíos financieros y preservar la estabilidad de la zona euro. La experiencia adquirida durante las crisis ha llevado a mejoras en la arquitectura de gobernanza económica y financiera de la UE, reforzando su capacidad para gestionar futuros riesgos y garantizar la estabilidad económica en la región.

Capítulo 9:

Política Social y Empleo en la Unión Europea

9.1 Principios y objetivos de la política social de la UE.

La política social de la Unión Europea se basa en una serie de principios y objetivos que buscan promover el bienestar y la cohesión social en la región, garantizando que todos los ciudadanos puedan beneficiarse de condiciones de vida dignas y oportunidades equitativas. Estos principios y objetivos están diseñados para abordar desigualdades sociales, mejorar las condiciones laborales y fomentar la inclusión social en toda la UE.

Uno de los **principios fundamentales** de la política social de la UE es el **principio de igualdad**. La Unión Europea se compromete a eliminar las desigualdades y garantizar que todos los ciudadanos tengan acceso a oportunidades iguales, sin discriminación por motivos de género, raza, discapacidad, edad u otras características. Este principio se refleja en una serie de leyes y directivas que promueven la igualdad de trato y la no discriminación en el ámbito laboral y social.

Otro principio central es el **principio de solidaridad**, que busca fortalecer la cohesión social y garantizar que las políticas sociales beneficien a todos los ciudadanos, especialmente a los más vulnerables. La UE promueve la solidaridad entre los Estados miembros mediante el financiamiento de programas y fondos destinados a reducir las disparidades regionales y apoyar a las regiones menos desarrolladas.

Los **objetivos de la política social** de la UE incluyen la promoción del **empleo de calidad**, la **protección social** y la **inclusión social**. La UE trabaja para crear un mercado laboral dinámico y justo, fomentando la creación de empleos sostenibles y de calidad que ofrezcan buenas condiciones laborales y oportunidades de desarrollo profesional. Además, se enfoca en garantizar una red de seguridad social adecuada, que incluya sistemas de seguridad social, pensiones y servicios de salud accesibles para todos los ciudadanos.

La **inclusión social** es otro objetivo clave, que implica combatir la pobreza y la exclusión social mediante políticas que promuevan la integración de los grupos más desfavorecidos. La UE apoya iniciativas para mejorar la calidad de vida de las personas en riesgo de exclusión y para fomentar su participación activa en la sociedad y el mercado laboral.

9.2 Protección de los derechos laborales y condiciones de trabajo.

La protección de los derechos laborales y las condiciones de trabajo es una prioridad esencial en la política social de la Unión Europea. La UE se compromete a garantizar que los trabajadores disfruten de condiciones laborales justas y seguras, protegiendo sus derechos y promoviendo un entorno de trabajo digno y equitativo.

Uno de los aspectos clave de esta protección es la **seguridad en el empleo**. La Unión Europea promueve normas que garantizan la estabilidad laboral y la protección contra el despido injustificado. A través de directivas y regulaciones, la UE asegura que los trabajadores tengan acceso a mecanismos adecuados para resolver conflictos laborales y recibir compensaciones justas en caso de despido o despido improcedente.

Las **condiciones de trabajo** también están reguladas para proteger la salud y el bienestar de los empleados. La UE establece estándares para la **seguridad y salud en el trabajo**, exigiendo que los empleadores proporcionen un entorno de trabajo seguro y saludable. Esto incluye la implementación de medidas preventivas para reducir riesgos laborales, garantizar equipos de protección adecuados y realizar evaluaciones periódicas de riesgos en los lugares de trabajo.

En cuanto a las **condiciones salariales**, la UE trabaja para asegurar que los trabajadores reciban una remuneración justa por su trabajo. Esto implica la regulación de **salarios mínimos** y la promoción de prácticas salariales equitativas que eviten la explotación y la desigualdad. La UE también apoya la transparencia salarial y la igualdad en la remuneración entre hombres y mujeres, con el objetivo de cerrar la brecha salarial de género y asegurar que todos los trabajadores reciban una compensación adecuada por sus esfuerzos.

La **conciliación entre la vida laboral y familiar** es otro aspecto importante en la protección de los derechos laborales. La UE fomenta políticas que permiten a los trabajadores equilibrar sus responsabilidades laborales con sus responsabilidades familiares, promoviendo el acceso a permisos parentales, flexibilidad laboral y servicios de cuidado infantil accesibles.

9.3 Igualdad de género y no discriminación.

La igualdad de género y la no discriminación son principios fundamentales en la política social de la Unión Europea, con el objetivo de promover una sociedad más equitativa y justa. La UE se compromete a erradicar la discriminación y asegurar que todas las personas, independientemente de su género, disfruten de las mismas oportunidades y derechos.

La igualdad de género es un pilar central de las políticas de la UE, que busca garantizar que hombres y mujeres tengan el mismo acceso a oportunidades en todos los ámbitos de la vida, desde el mercado laboral hasta la participación política y social. Esto incluye la promoción de medidas que aseguren la igualdad salarial, la eliminación de la brecha de género en el empleo y el acceso equitativo a posiciones de liderazgo. La UE implementa directivas y programas que abordan la discriminación basada en el género y promueven políticas para cerrar la brecha salarial entre hombres y mujeres, asegurando que todos los trabajadores reciban una compensación justa por el mismo trabajo.

La no discriminación es otro principio clave que abarca la prohibición de cualquier forma de trato desigual basada en características personales como el género, la raza, la etnia, la discapacidad, la orientación sexual o la religión. La UE ha establecido un marco normativo robusto para proteger a las personas de la discriminación en diversas áreas, incluyendo el empleo, la educación, y el acceso a bienes y servicios. Las políticas de no discriminación buscan crear un entorno en el que todos los ciudadanos puedan participar plenamente en la sociedad y tener igualdad de oportunidades, sin ser excluidos o tratados injustamente debido a sus características personales.

Además, **la UE promueve la inclusión de grupos vulnerables** y trabaja para garantizar que las políticas de igualdad de género y no discriminación se apliquen de manera efectiva en toda la región. Esto incluye la implementación de estrategias específicas para abordar las necesidades de grupos marginalizados y asegurar que las políticas sean sensibles a las diversas realidades de los ciudadanos.

9.4 Políticas de inclusión social y lucha contra la pobreza.

Las políticas de inclusión social y la lucha contra la pobreza son fundamentales en la agenda social de la Unión Europea, con el objetivo de garantizar que todos los ciudadanos puedan participar plenamente en la sociedad y disfrutar de una vida digna. La UE implementa una serie de estrategias y medidas para abordar la pobreza y promover la inclusión social, centrándose en reducir las desigualdades y apoyar a los grupos más vulnerables.

Las políticas de inclusión social están diseñadas para asegurar que todas las personas, independientemente de su situación económica o social, tengan acceso a los recursos y oportunidades necesarios para su bienestar. Esto incluye promover la igualdad de oportunidades en el acceso a la educación, el empleo y los servicios sociales. La UE fomenta la integración de los grupos marginalizados, como las personas con discapacidad, las minorías étnicas y los inmigrantes, proporcionando apoyo específico para superar barreras sociales y económicas que puedan limitar su participación plena en la sociedad.

La lucha contra la pobreza es un objetivo clave en la política social de la UE, con la meta de reducir significativamente el número de personas que viven en condiciones de pobreza o exclusión social. La UE ha establecido varios programas y fondos para apoyar a los Estados miembros en sus esfuerzos por combatir la pobreza. Esto incluye la implementación de estrategias nacionales de inclusión social que **se centran en mejorar las condiciones de vida de las personas en situación de vulnerabilidad**. Los programas europeos, como el Fondo Social Europeo, proporcionan financiación para iniciativas que buscan mejorar la calidad de vida **y apoyar a aquellos que enfrentan dificultades económicas.**

Además, la promoción del empleo y la mejora de las condiciones laborales son componentes importantes en la lucha contra la pobreza. La UE trabaja para crear oportunidades de empleo sostenible y de calidad, **garantizando que los trabajadores puedan obtener ingresos suficientes para cubrir sus necesidades básicas y mejorar sus condiciones de vida.** También se enfoca en la formación y el desarrollo de habilidades para facilitar la inclusión en el mercado laboral.

El enfoque en la cohesión social implica que las políticas de inclusión y lucha contra la pobreza no solo se centran en los aspectos económicos, sino también en la **integración social y la participación activa de todos los ciudadanos**. **La UE promueve la cooperación entre los Estados miembros y las organizaciones sociales** para diseñar e implementar políticas que respondan a las necesidades locales y nacionales, asegurando que las medidas sean efectivas y adaptadas a las realidades específicas de cada región.

9.5 La Estrategia Europea de Empleo.

La Estrategia Europea de Empleo es una iniciativa clave de la Unión Europea diseñada para mejorar el funcionamiento del mercado laboral y promover el empleo en toda la región. Esta estrategia se orienta hacia la creación de empleos de calidad y sostenibles, así como hacia la mejora de las condiciones laborales y la inclusión en el mercado de trabajo.

La Estrategia Europea de Empleo busca fomentar un **mercado laboral dinámico** y flexible, capaz de adaptarse a los cambios económicos y tecnológicos. Para ello, se enfoca en varias áreas clave, incluyendo la **formación y el desarrollo de habilidades**, con el objetivo de equipar a los trabajadores con las competencias necesarias para enfrentar las demandas del mercado laboral actual y futuro. La UE promueve la cooperación entre los Estados miembros para alinear las políticas de educación y formación con las necesidades del mercado de trabajo, facilitando la transición de los trabajadores hacia nuevos sectores y ocupaciones emergentes.

Un componente esencial de la Estrategia Europea de Empleo es la promoción de **empleos de calidad**. Esto incluye asegurar que los puestos de trabajo ofrecidos sean sostenibles, seguros y proporcionen una remuneración justa. La estrategia también aborda la necesidad de mejorar las **condiciones laborales**, garantizando que todos los trabajadores disfruten de derechos laborales adecuados y condiciones de trabajo seguras. La UE establece directivas y regulaciones que protegen a los trabajadores de prácticas laborales injustas y promueven un entorno de trabajo que respete los estándares internacionales.

Otro objetivo fundamental de la Estrategia Europea de Empleo es **incrementar la participación laboral** y reducir el desempleo, especialmente entre grupos vulnerables como los jóvenes, las personas mayores y los inmigrantes. La UE implementa políticas para apoyar a estos grupos en su acceso al mercado laboral, ofreciendo programas de formación y desarrollo profesional, así como incentivos para los empleadores que contraten a personas de estos colectivos.

Además, la estrategia pone énfasis en la **cohesión territorial**, buscando reducir las desigualdades en el empleo entre diferentes regiones y países. Esto incluye el apoyo a regiones con altas tasas de desempleo y el fomento de la movilidad laboral dentro de la UE para equilibrar las oportunidades de empleo a lo largo del continente.

Capítulo 10:

Espacio de Libertad, Seguridad y Justicia

10.1 Cooperación judicial en materia civil y penal.

La cooperación judicial en materia civil y penal es un aspecto crucial de la integración y funcionamiento de la Unión Europea, que busca garantizar que las decisiones judiciales sean respetadas y ejecutadas en todos los Estados miembros. Esta cooperación se basa en principios de confianza mutua y reconocimiento mutuo de las resoluciones judiciales, facilitando así la administración de justicia en un espacio sin fronteras interiores.

En **materia civil**, la cooperación judicial se enfoca en asegurar que los derechos y obligaciones de los ciudadanos sean reconocidos y ejecutados en toda la UE. Esto incluye la facilitación del acceso a la justicia, la simplificación de procedimientos legales transfronterizos y el reconocimiento y ejecución de sentencias en otros Estados miembros. La UE ha adoptado diversas normativas, como el Reglamento Bruselas I y el Reglamento Bruselas II bis, que establecen normas claras sobre la competencia judicial y el reconocimiento y ejecución de resoluciones en materia civil y mercantil. Estas normativas buscan reducir las barreras legales entre los Estados miembros y asegurar que los ciudadanos y empresas puedan hacer valer sus derechos en cualquier país de la UE.

En **materia penal**, la cooperación judicial se orienta hacia la lucha contra el crimen transnacional y la protección de la seguridad en la región. La UE ha desarrollado instrumentos como la Orden de Detención Europea (ODE), que permite la entrega rápida de sospechosos y condenados entre Estados miembros, sin los tradicionales procedimientos de extradición. Este mecanismo refleja la alta confianza entre los sistemas judiciales de los Estados miembros y busca asegurar que los delincuentes no puedan evadir la justicia simplemente cruzando fronteras dentro de la UE.

Además, la cooperación en materia penal incluye la armonización de ciertas normas penales para asegurar que los delitos graves, como el terrorismo, la trata de personas y el tráfico de drogas, sean combatidos de manera efectiva y coordinada en toda la Unión. La UE promueve también la cooperación entre autoridades policiales y judiciales a través de organismos como Europol y Eurojust, que facilitan el intercambio de información y la coordinación en investigaciones criminales transfronterizas.

10.2 Espacio Schengen y control de fronteras.

El Espacio Schengen es uno de los logros más significativos de la integración europea, permitiendo la libre circulación de personas entre los países que forman parte de este acuerdo. Establecido en 1995, el Espacio Schengen elimina los controles fronterizos internos entre los Estados miembros, creando un área en la que los ciudadanos, así como los visitantes de terceros países, pueden moverse libremente sin necesidad de pasar por controles de pasaporte o aduanas en las fronteras internas.

El **control de fronteras** en el Espacio Schengen se traslada a las fronteras externas, donde los Estados miembros tienen la responsabilidad de gestionar y proteger las fronteras de la UE de manera coordinada. Esto implica la adopción de medidas comunes para garantizar la seguridad del espacio, como la realización de controles rigurosos en las fronteras externas y la cooperación entre los servicios fronterizos y aduaneros de los Estados miembros. La Agencia Europea de la Guardia de Fronteras y Costas (Frontex) juega un papel crucial en esta tarea, apoyando a los Estados miembros en la gestión de las fronteras externas y en la respuesta a situaciones de emergencia, como flujos migratorios irregulares.

El Espacio Schengen también incluye acuerdos sobre la **cooperación policial y judicial** para garantizar la seguridad dentro de la zona sin fronteras internas. Esto incluye el intercambio de información entre las fuerzas policiales y la cooperación en la lucha contra la delincuencia transnacional, el terrorismo y otros delitos graves. Además, el Sistema de Información de Schengen (SIS) es una herramienta clave que permite a los Estados miembros compartir información sobre personas y objetos buscados, ayudando a las autoridades a mantener la seguridad dentro del espacio Schengen.

Aunque el Espacio Schengen facilita la movilidad y fortalece la cooperación entre los Estados miembros, también enfrenta desafíos, especialmente en relación con la gestión de la seguridad interna.

10.3 Asilo y migración en la UE.

El asilo y la migración en la Unión Europea son temas de gran relevancia que reflejan tanto los desafíos como los compromisos del bloque en la gestión de los flujos migratorios y la protección de los derechos humanos. La UE ha desarrollado un conjunto de políticas y normativas destinadas a abordar las cuestiones relacionadas con el asilo, la migración legal y la inmigración irregular, buscando un equilibrio entre la seguridad y la solidaridad.

En cuanto al **derecho de asilo**, la UE se ha comprometido a ofrecer protección a aquellos que huyen de la persecución, la guerra y otras formas de violencia. El Sistema Europeo Común de Asilo (SECA) establece normas para garantizar que las personas que buscan protección internacional reciban un trato justo y coherente en todos los Estados miembros. Este sistema incluye regulaciones sobre la recepción de solicitantes de asilo, la determinación del Estado responsable de examinar una solicitud y los procedimientos para evaluar las solicitudes de asilo. Aunque el SECA busca armonizar las políticas de asilo entre los Estados miembros, las diferencias en su aplicación han generado tensiones, especialmente durante crisis migratorias como la de 2015.

La **migración legal** es otro aspecto importante de la política de la UE, que reconoce la necesidad de gestionar los flujos migratorios de manera que se apoyen las necesidades económicas y demográficas de los Estados miembros. La UE ha establecido rutas legales para la migración, permitiendo que los trabajadores, estudiantes e investigadores de terceros países ingresen y residan en la UE bajo ciertas condiciones. Estas políticas buscan atraer talento y cubrir las demandas del mercado laboral, mientras se promueve la integración de los migrantes en las sociedades europeas.

La lucha contra la **inmigración irregular** es también una prioridad para la UE, que ha adoptado medidas para prevenir y combatir la trata de personas, el tráfico de migrantes y la entrada no autorizada en el territorio de la UE. La cooperación con países de origen y tránsito es crucial en este contexto, así como la implementación de acuerdos de readmisión que faciliten el retorno de migrantes en situación irregular a sus países de origen. La UE también promueve la gestión integrada de las fronteras para asegurar que las fronteras externas sean seguras y eficientes en la detección y prevención de la inmigración ilegal.

10.4 Lucha contra el crimen organizado y el terrorismo.

La lucha contra el crimen organizado y el terrorismo es una de las prioridades fundamentales de la Unión Europea, dada la amenaza que representan para la seguridad y la estabilidad de sus Estados miembros. La UE ha desarrollado un enfoque multidimensional que incluye la cooperación entre los Estados miembros, el fortalecimiento de las capacidades de las fuerzas de seguridad, y la creación de marcos legales comunes para enfrentar estos desafíos transnacionales.

El **crimen organizado** en la UE abarca una amplia gama de actividades ilícitas, como el tráfico de drogas, la trata de personas, el contrabando de armas y el lavado de dinero. Para combatir estas actividades, la UE ha establecido una serie de instrumentos y agencias que facilitan la cooperación entre las autoridades nacionales. Europol, la agencia europea de cooperación policial, desempeña un papel clave en la coordinación de operaciones conjuntas, el intercambio de información y la asistencia en investigaciones transfronterizas. La UE también promueve la adopción de normativas comunes para asegurar que los delitos graves sean perseguidos con la misma determinación en todos los Estados miembros, lo que incluye la armonización de sanciones penales y la facilitación de la extradición de delincuentes.

En cuanto al **terrorismo**, la UE reconoce la naturaleza global de esta amenaza y la necesidad de una respuesta coordinada y efectiva. La Estrategia de la UE para la Lucha contra el Terrorismo se centra en cuatro pilares: prevenir la radicalización y el reclutamiento, proteger a los ciudadanos y la infraestructura crítica, perseguir a los terroristas y sus redes, y responder de manera eficaz en caso de un ataque. La cooperación entre los servicios de inteligencia y seguridad es esencial en este esfuerzo, así como el fortalecimiento de las capacidades de los Estados miembros para detectar y desmantelar redes terroristas.

La **prevención de la radicalización** es un aspecto clave en la lucha contra el terrorismo. La UE ha implementado programas para contrarrestar la propaganda extremista y promover la integración social de comunidades vulnerables. Estos esfuerzos buscan abordar las raíces del terrorismo y evitar que los individuos sean atraídos hacia ideologías violentas. Además, la cooperación internacional es fundamental para enfrentar el terrorismo, ya que la UE colabora estrechamente con países fuera del bloque y con organizaciones internacionales para compartir información y coordinar acciones.

10.5 Derechos fundamentales en el Espacio de Libertad, Seguridad y Justicia.

Los derechos fundamentales en el Espacio de Libertad, Seguridad y Justicia (ELSJ) de la Unión Europea son un pilar esencial para garantizar que las políticas de seguridad y justicia respeten la dignidad y los derechos humanos de todas las personas en el territorio de la UE. Este espacio, concebido para promover la cooperación en materia de justicia y asuntos internos, debe equilibrar la seguridad con la protección de los derechos fundamentales, evitando que las medidas adoptadas en nombre de la seguridad comprometan las libertades individuales.

El **respeto a los derechos fundamentales** es una condición sine qua non en el ELSJ. La Carta de los Derechos Fundamentales de la Unión Europea, que tiene el mismo valor jurídico que los Tratados, establece un marco claro de derechos y libertades que deben ser respetados en todas las acciones llevadas a cabo por las instituciones de la UE y por los Estados miembros cuando aplican la legislación de la Unión. Esto incluye derechos como la dignidad humana, la libertad, la igualdad, el respeto a la vida privada y familiar, la protección de datos personales, y el derecho a un juicio justo.

En el ámbito de la **justicia**, el ELSJ promueve la cooperación judicial entre los Estados miembros mientras garantiza que los procedimientos legales respeten los derechos de los acusados y de las víctimas. Por ejemplo, el derecho a la defensa, la presunción de inocencia, y la prohibición de la tortura son principios fundamentales que deben ser observados en todos los procesos judiciales. La cooperación en este espacio también se extiende a la protección de los derechos de las víctimas de delitos, asegurando que reciban el apoyo necesario y que sus derechos sean reconocidos en todo el territorio de la UE.

En cuanto a la **seguridad**, aunque la UE se esfuerza por proteger a sus ciudadanos frente a amenazas como el terrorismo y el crimen organizado, estas medidas deben estar en consonancia con los derechos fundamentales. Esto significa que las políticas de vigilancia, control fronterizo, y la cooperación policial deben ser implementadas de manera que no vulneren derechos como la privacidad, la libertad de expresión o la libertad de movimiento. El Tribunal de Justicia de la Unión Europea juega un papel crucial en este contexto, asegurando que las acciones de seguridad se mantengan dentro de los límites establecidos por los derechos fundamentales.

Capítulo 11:

Política Exterior y de Seguridad Común

11.1 Objetivos y principios de la PESC.

La Política Exterior y de Seguridad Común (PESC) de la Unión Europea tiene como objetivos fundamentales el fortalecimiento de la seguridad de la Unión, la preservación de la paz, la promoción de la cooperación internacional, y el desarrollo y la consolidación de la democracia, el Estado de derecho y el respeto a los derechos humanos en todo el mundo. Estos objetivos están alineados con los valores que definen a la UE y buscan proyectar su influencia más allá de sus fronteras.

Entre los **principios que guían la PESC** se encuentra el respeto por los principios de la Carta de las Naciones Unidas y el derecho internacional, así como la promoción de la paz y la seguridad internacionales. La UE busca actuar como un actor global responsable, utilizando la diplomacia y otras herramientas de política exterior, como sanciones y misiones de paz, para contribuir a la estabilidad global. Además, la PESC enfatiza la necesidad de actuar de manera coherente y unida, presentando una voz común en la escena internacional.

Otro principio clave es la **solidaridad y la cooperación** entre los Estados miembros. La PESC se basa en la acción conjunta y en la coordinación entre los países de la UE para asegurar que las decisiones se tomen de manera consensuada y reflejen los intereses comunes. Esto incluye la defensa colectiva, la gestión de crisis, y la cooperación en cuestiones de seguridad y defensa.

Finalmente, la **universalidad de los derechos humanos** y el desarrollo sostenible también son principios rectores de la PESC. La UE se compromete a promover estos valores en sus relaciones internacionales, apoyando iniciativas que fomenten la justicia social, el desarrollo económico y la protección del medio ambiente en otras regiones del mundo.

11.2 Instituciones y actores en la PESC.

Las instituciones y actores involucrados en la Política Exterior y de Seguridad Común (PESC) de la Unión Europea desempeñan un papel crucial en la formulación y ejecución de esta política. Estos actores incluyen tanto instituciones de la UE como los Estados miembros, quienes colaboran para asegurar una política exterior coherente y efectiva.

El **Consejo Europeo** es una de las principales instituciones en la PESC, ya que establece las orientaciones estratégicas generales de la política exterior de la Unión. Compuesto por los jefes de Estado o de Gobierno de los Estados miembros, el presidente del Consejo Europeo y el presidente de la Comisión Europea, el Consejo Europeo define las prioridades de la PESC y toma decisiones sobre cuestiones clave de la política exterior y de seguridad.

El **Alto Representante de la Unión para Asuntos Exteriores y Política de Seguridad** es otro actor central en la PESC. Esta figura actúa como jefe de la diplomacia de la UE y es responsable de coordinar y representar la política exterior y de seguridad de la Unión. El Alto Representante también preside el Consejo de Asuntos Exteriores y es vicepresidente de la Comisión Europea, lo que le permite asegurar la coherencia entre la PESC y otras políticas de la UE, como el comercio y la ayuda al desarrollo.

El **Consejo de la Unión Europea**, en su formación de Asuntos Exteriores, desempeña un papel crucial en la toma de decisiones en la PESC. Los ministros de Asuntos Exteriores de los Estados miembros se reúnen en el Consejo para debatir y adoptar decisiones sobre temas de política exterior, seguridad y defensa. Estas decisiones suelen tomarse por unanimidad, lo que refleja la importancia de la cooperación y el consenso en la PESC.

El **Servicio Europeo de Acción Exterior (SEAE)** es el cuerpo diplomático de la Unión Europea y apoya al Alto Representante en la implementación de la PESC. El SEAE trabaja en estrecha colaboración con las embajadas de los Estados miembros y las delegaciones de la UE en todo el mundo, facilitando la diplomacia y la ejecución de las políticas exteriores de la Unión.

Los **Estados miembros** también son actores fundamentales en la PESC. A pesar de la integración de la política exterior a nivel de la UE, los Estados miembros conservan un alto grado de autonomía en sus relaciones exteriores y en la toma de decisiones en materia de defensa. No obstante, están comprometidos a cooperar y a coordinar sus políticas para asegurar que la Unión actúe de manera coherente en la escena internacional.

11.3 Política de seguridad y defensa común.

La Política de Seguridad y Defensa Común (PSDC) es un componente clave de la Política Exterior y de Seguridad Común (PESC) de la Unión Europea, que se centra en fortalecer las capacidades de defensa de la Unión y en promover la paz y la seguridad internacionales. La PSDC proporciona el marco para que la UE desarrolle misiones y operaciones de gestión de crisis, que van desde misiones de mantenimiento de la paz hasta operaciones militares más complejas.

Uno de los aspectos fundamentales de la PSDC es la **cooperación en defensa** entre los Estados miembros. Aunque la defensa sigue siendo una competencia nacional, la PSDC fomenta la colaboración y la coordinación entre los países de la UE para mejorar sus capacidades militares y de seguridad. Esta cooperación se manifiesta en iniciativas como la Cooperación Estructurada Permanente (PESCO), que permite a los Estados miembros desarrollar proyectos conjuntos en áreas como la formación militar, la ciberseguridad y la movilidad militar.

La PSDC también incluye el desarrollo de **capacidades civiles** para la gestión de crisis, lo que subraya el enfoque integral de la UE en materia de seguridad y defensa. Estas capacidades civiles incluyen la policía, el Estado de derecho y la administración civil, que son esenciales para estabilizar regiones en conflicto y para apoyar el proceso de reconstrucción post-conflicto. La UE ha desplegado numerosas misiones civiles en todo el mundo para promover la estabilidad y el desarrollo en regiones afectadas por conflictos.

La **relación con la OTAN** es otro elemento importante de la PSDC. La UE y la OTAN comparten muchos intereses comunes en materia de seguridad y defensa, y ambas organizaciones cooperan estrechamente para evitar la duplicación de esfuerzos y para asegurar una respuesta coordinada a las amenazas de seguridad. Esta cooperación se basa en el respeto mutuo de las competencias de cada organización y en la complementariedad de sus capacidades.

Finalmente, la PSDC refleja el compromiso de la UE con la **paz y la seguridad globales**. A través de sus misiones y operaciones, la UE busca contribuir a la resolución de conflictos y a la construcción de la paz en regiones inestables. La PSDC no solo aborda amenazas convencionales, sino también desafíos emergentes como el terrorismo, la proliferación de armas de destrucción masiva y las amenazas cibernéticas.

11.4 Relaciones exteriores y diplomacia de la UE.

Las relaciones exteriores y la diplomacia de la Unión Europea son pilares fundamentales de su política exterior, con el objetivo de promover sus intereses y valores en la escena internacional. La UE actúa como un actor global a través de su red de delegaciones en todo el mundo y su participación en organizaciones internacionales, buscando influir en cuestiones clave como la paz, la seguridad, el desarrollo sostenible y los derechos humanos.

Una de las características distintivas de la diplomacia de la UE es su enfoque multilateral. La Unión Europea es un firme defensora del multilateralismo y del fortalecimiento del sistema internacional basado en reglas. Participa activamente en foros como las Naciones Unidas, la Organización Mundial del Comercio y el G20, donde busca promover soluciones colectivas a desafíos globales como el cambio climático, la seguridad internacional y la regulación del comercio.

El **Servicio Europeo de Acción Exterior (SEAE)** desempeña un papel crucial en la implementación de la diplomacia de la UE. Bajo la dirección del Alto Representante de la Unión para Asuntos Exteriores y Política de Seguridad, el SEAE coordina las políticas exteriores de los Estados miembros y representa a la UE en el ámbito internacional. Las delegaciones de la UE en más de 140 países actúan como embajadas, facilitando las relaciones diplomáticas y promoviendo los intereses de la Unión en diversas regiones del mundo.

La diplomacia económica es otro componente clave de las relaciones exteriores de la UE. La Unión es uno de los mayores actores comerciales y de inversión a nivel mundial, y utiliza su poder económico para influir en las políticas globales. A través de acuerdos comerciales, la UE busca no solo abrir mercados para sus empresas, sino también promover estándares laborales, medioambientales y de derechos humanos. La diplomacia económica también incluye el uso de sanciones como herramienta para ejercer presión en situaciones de conflicto o violaciones de derechos humanos.

La cooperación al desarrollo es otro pilar de la diplomacia de la UE. La Unión Europea es el mayor donante de ayuda oficial al desarrollo a nivel global, y sus programas están diseñados para apoyar el desarrollo sostenible, reducir la pobreza y promover la estabilidad en países en desarrollo. Esta cooperación refuerza la presencia y la influencia de la UE en regiones estratégicas y contribuye a la prevención de conflictos y la promoción de la paz.

11.5 Misiones y operaciones de la PESC.

Las misiones y operaciones de la Política Exterior y de Seguridad Común (PESC) son herramientas clave mediante las cuales la Unión Europea busca promover la paz, la seguridad y la estabilidad tanto dentro como fuera de sus fronteras. Estas misiones y operaciones se llevan a cabo bajo el marco de la Política de Seguridad y Defensa Común (PSDC), que permite a la UE desplegar capacidades civiles y militares en zonas de conflicto o crisis.

Las misiones civiles de la PESC se centran en áreas como el Estado de derecho, la reforma del sector de seguridad, la supervisión y formación policial, y la asistencia en la construcción de instituciones gubernamentales. Estas misiones buscan fortalecer las estructuras civiles en países en situación de crisis, contribuyendo a la estabilización y la reconstrucción postconflicto. Ejemplos de estas misiones incluyen EULEX en Kosovo, que ha apoyado el desarrollo del sistema judicial y policial, y EUBAM en Libia, que ha ayudado a mejorar la gestión de fronteras.

Por otro lado, las operaciones militares bajo la PESC se despliegan para gestionar crisis y conflictos que requieren una intervención armada. Estas operaciones pueden variar desde misiones de mantenimiento de la paz hasta intervenciones más complejas, como la lucha contra la piratería o la protección de civiles en zonas de conflicto. Un ejemplo destacado es la operación Atalanta, que combate la piratería en el Cuerno de África y protege los barcos que transportan ayuda humanitaria a Somalia.

La flexibilidad de las misiones y operaciones de la PESC es uno de sus principales atributos. La UE puede adaptar sus acciones en función de las necesidades específicas de cada situación, combinando elementos civiles y militares para abordar de manera integral los desafíos de seguridad. Esta capacidad de respuesta rápida y adaptativa permite a la UE desempeñar un papel crucial en la gestión de crisis internacionales.

Además, la cooperación con actores internacionales es un componente esencial de las misiones y operaciones de la PESC. La UE trabaja en estrecha colaboración con organizaciones como la ONU, la OTAN y la Unión Africana, así como con países socios, para garantizar la efectividad y la coordinación de sus intervenciones. Esta cooperación refuerza la legitimidad de las misiones de la UE y amplía su impacto en la escena global.

En resumen, las misiones y operaciones de la PESC son un instrumento vital en la proyección de la política exterior de la Unión Europea, permitiéndole actuar de manera decisiva en la promoción de la paz y la estabilidad internacional. A través de un enfoque combinado de capacidades civiles y militares, y en colaboración con socios internacionales, la UE contribuye activamente a la resolución de conflictos y al fortalecimiento de la seguridad global.

Capítulo 12:

Política de Competencia de la Unión Europea

12.1 Principios y objetivos de la política de competencia.

La política de competencia de la Unión Europea es fundamental para garantizar un mercado interior competitivo y eficiente, que fomente la innovación, la elección y el bienestar de los consumidores. Los principios y objetivos que rigen esta política están diseñados para mantener un equilibrio justo entre las empresas y evitar prácticas que puedan distorsionar la competencia en el mercado único.

Uno de los principios fundamentales de la política de competencia es la prohibición de los acuerdos restrictivos entre empresas. Esto incluye acuerdos que limiten la competencia al fijar precios, dividir mercados o restringir la producción. El objetivo de esta prohibición es prevenir la formación de monopolios y cárteles que podrían perjudicar a los consumidores al reducir la competencia y aumentar los precios.

Otro principio clave es la supervisión y control de las concentraciones empresariales. La política de competencia de la UE exige que las empresas que planean fusiones o adquisiciones notifiquen a la Comisión Europea si estas operaciones podrían afectar significativamente la competencia en el mercado. La revisión de estas concentraciones busca evitar que se creen o refuercen posiciones de mercado dominantes que puedan limitar la competencia y perjudicar a los consumidores.

La regulación de las ayudas estatales es también un pilar esencial de la política de competencia. Las ayudas otorgadas por los Estados miembros a empresas pueden distorsionar la competencia al favorecer a ciertas compañías sobre otras. La política de competencia de la UE establece normas estrictas sobre la concesión de ayudas estatales para asegurar que estas no interfieran con el mercado interior ni generen ventajas desleales. Las ayudas deben ser notificadas y aprobadas por la Comisión Europea para garantizar que cumplen con los requisitos establecidos.

En términos de objetivos, la política de competencia de la UE busca promover una competencia efectiva en el mercado interior, lo cual se traduce en beneficios para los consumidores, como precios más bajos, mayor calidad y mayor variedad de productos y servicios. Además, fomenta la innovación y la eficiencia empresarial, creando un entorno en el que las empresas están incentivadas a mejorar sus productos y procesos para mantenerse competitivas.

La política de competencia también tiene un enfoque en crear un mercado único que opere sin fricciones ni distorsiones. Esto significa garantizar que las reglas de competencia se apliquen de manera uniforme en todos los Estados miembros, evitando que las diferencias nacionales creen barreras para el comercio y la inversión dentro de la UE.

12.2 Control de concentraciones y fusiones.

El control de concentraciones y fusiones es una parte esencial de la política de competencia de la Unión Europea, diseñado para prevenir la creación de empresas que puedan dominar el mercado y limitar la competencia. Este control asegura que las fusiones y adquisiciones no alteren negativamente la estructura competitiva del mercado único.

Cuando las empresas planean una fusión o adquisición, deben notificar a la Comisión Europea si la operación cumple ciertos umbrales de tamaño que podrían afectar significativamente la competencia. Esta notificación permite a la Comisión revisar la transacción antes de su realización, asegurando que no se cree una posición dominante que pueda perjudicar a los consumidores o restringir la competencia.

El proceso de evaluación llevado a cabo por la Comisión Europea examina varias dimensiones de la concentración. Entre ellas, se consideran los efectos en la competencia, la creación de barreras de entrada para otras empresas, y la posibilidad de que la concentración reduzca la rivalidad entre los competidores. Se analizan tanto los efectos a corto plazo como las posibles repercusiones a largo plazo en el mercado.

La Comisión puede adoptar diferentes decisiones basadas en su evaluación. Si concluye que la concentración perjudica la competencia, puede imponer condiciones para autorizar la operación, como la venta de activos o la implementación de compromisos que mitiguen los efectos negativos. En casos extremos, la Comisión puede prohibir la concentración si considera que no hay soluciones viables para preservar la competencia en el mercado.

El objetivo principal del control de concentraciones es evitar la creación de empresas que tengan el poder de dictar precios, restringir la oferta o reducir la calidad de los productos y servicios en el mercado. Al garantizar que las fusiones y adquisiciones no conduzcan a una reducción significativa de la competencia, se protege el bienestar del consumidor y se fomenta un entorno empresarial dinámico y competitivo.

Además, el control de concentraciones ayuda a **mantener el equilibrio** entre las grandes empresas y los competidores más pequeños, promoviendo la innovación y evitando que las grandes corporaciones utilicen su tamaño para sofocar la competencia. De esta manera, se asegura que el mercado interior de la UE funcione de manera justa y eficiente, beneficiando a los consumidores y a la economía en general.

12.3 Lucha contra los cárteles y el abuso de posición dominante.

La lucha contra los cárteles y el abuso de posición dominante es un aspecto crucial de la política de competencia de la Unión Europea, destinada a asegurar un mercado competitivo y justo. Estos dos problemas representan amenazas significativas para la libre competencia y el bienestar de los consumidores.

Los cárteles son acuerdos ilegales entre empresas para coordinar sus acciones en el mercado, como fijar precios, limitar la producción o dividir el mercado entre ellos. Estos acuerdos restringen la competencia y pueden conducir a precios más altos, menor calidad y menos innovación. La Comisión Europea lleva a cabo investigaciones exhaustivas para detectar y desmantelar cárteles, utilizando herramientas como la recopilación de pruebas, inspecciones y entrevistas con los empleados de las empresas involucradas. Las empresas que colaboran en estas investigaciones, a través de la denuncia de prácticas anticompetitivas, pueden beneficiarse de reducciones en las multas impuestas.

El abuso de posición dominante se produce cuando una empresa que ocupa una posición dominante en el mercado utiliza su poder para perjudicar a la competencia y a los consumidores. Esto puede incluir prácticas como la fijación de precios depredatorios, en las que una empresa establece precios artificialmente bajos para eliminar a los competidores, o el establecimiento de condiciones contractuales injustas que perjudican a los proveedores o clientes. La Comisión Europea supervisa continuamente los mercados para detectar signos de abuso de posición dominante y tomar medidas para corregir estas prácticas. Las sanciones pueden incluir multas sustanciales y órdenes para cesar las prácticas abusivas.

La prevención y la represión de estas prácticas anticompetitivas se basan en un marco legal robusto, que incluye regulaciones específicas y un sistema de aplicación riguroso. La Comisión Europea tiene la autoridad para imponer multas significativas y ordenar cambios en las prácticas empresariales para restaurar la competencia. Además, se fomenta la cooperación internacional para abordar problemas transnacionales que afectan a varios países y regiones.

El impacto de la lucha contra los cárteles y el abuso de posición dominante es amplio. Al mantener un entorno competitivo, se asegura que los consumidores tengan acceso a productos y servicios de alta calidad a precios justos. También se fomenta la innovación y la eficiencia, ya que las empresas están incentivadas a mejorar sus ofertas para mantenerse competitivas en el mercado.

12.4 Ayudas estatales y su regulación.

La regulación de las ayudas estatales en la Unión Europea es un componente esencial de la política de competencia, diseñada para evitar distorsiones en el mercado único que puedan resultar de la intervención financiera de los gobiernos. Las ayudas estatales, si no se gestionan adecuadamente, pueden otorgar ventajas injustas a ciertas empresas o sectores, alterando la competencia y perjudicando a otras empresas y a los consumidores.

La regulación de las ayudas estatales se basa en el principio de que las ayudas deben ser compatibles con el mercado interior de la UE. Esto significa que cualquier forma de apoyo financiero que un Estado miembro otorgue a empresas debe ser examinada para asegurar que no distorsione la competencia ni interfiera con el comercio entre los Estados miembros. La Comisión Europea es la encargada de revisar y autorizar las ayudas estatales, y su función es garantizar que estas ayudas cumplan con las normas establecidas y no afecten negativamente la competencia.

Las reglas básicas para las ayudas estatales están establecidas en el Tratado de Funcionamiento de la Unión Europea (TFUE), que prohíbe las ayudas que distorsionen la competencia y el comercio en el mercado interior. Sin embargo, existen excepciones y categorías específicas en las que las ayudas pueden ser permitidas si cumplen ciertos criterios. Estas incluyen ayudas para promover el desarrollo regional, apoyar la investigación y la innovación, y fomentar el empleo. Cada tipo de ayuda debe ser notificada a la Comisión Europea antes de ser implementada, y la Comisión evalúa si la ayuda es compatible con las normas de la UE.

Las ayudas estatales pueden ser revisadas bajo diferentes regímenes, dependiendo de su naturaleza y su impacto. Las ayudas se pueden clasificar en ayudas "compatibles" y "no compatibles". Las ayudas compatibles son aquellas que, aunque afectan la competencia, tienen un objetivo de interés común, como el desarrollo regional o la protección del medio ambiente. Las ayudas no compatibles son aquellas que distorsionan significativamente la competencia y deben ser modificadas o eliminadas.

En caso de que una ayuda estatal se considere incompatible con el mercado interior, la Comisión Europea puede ordenar su recuperación. Esto significa que la empresa beneficiaria deberá devolver el monto de la ayuda, a menudo con intereses, para restablecer el equilibrio competitivo. La recuperación de ayudas es un mecanismo crucial para mantener la integridad del mercado único y asegurar que no se produzcan ventajas desleales.

La transparencia es otro principio clave en la regulación de ayudas estatales. Los Estados miembros están obligados a publicar información sobre las ayudas concedidas, lo que permite un mayor control y supervisión tanto a nivel nacional como europeo. Además, la Comisión Europea mantiene un registro público de todas las ayudas notificadas y aprobadas, promoviendo así la rendición de cuentas y la vigilancia pública.

12.5 Procedimientos y sanciones en materia de competencia.

Los procedimientos y sanciones en materia de competencia son fundamentales para garantizar el cumplimiento de las normas de competencia de la Unión Europea y mantener un mercado interior justo y competitivo. Estos mecanismos permiten abordar y corregir las prácticas empresariales que distorsionan la competencia y protegen a los consumidores y empresas de prácticas desleales.

El **procedimiento de investigación** comienza con la recepción de denuncias o la identificación de posibles infracciones por parte de la Comisión Europea. Las investigaciones pueden ser **ex officio** o iniciadas por denuncias presentadas por terceros, incluidos competidores o asociaciones de consumidores. La Comisión tiene la autoridad para llevar a cabo **inspecciones** en las instalaciones de las empresas sospechosas, conocidas como "inspecciones de la oficina", para recopilar pruebas que demuestren prácticas anticompetitivas.

Durante una investigación, la **Comisión Europea** puede imponer medidas provisionales, como la **suspensión de la práctica** anticompetitiva o la solicitud de información adicional. Tras una investigación exhaustiva, la Comisión puede emitir una **decisión** que confirme la existencia de una infracción y determine las sanciones correspondientes. Esta decisión es vinculante y puede exigir a las empresas que cesen las prácticas prohibidas y tomen medidas correctivas.

Las **sanciones** por infracciones a las normas de competencia pueden ser significativas. Las multas impuestas a las empresas pueden alcanzar hasta el 10% de su volumen de negocios global anual. Estas multas son diseñadas no solo para castigar a las empresas infractoras, sino también para disuadir a otras de participar en prácticas anticompetitivas. La Comisión Europea tiene en cuenta factores como la gravedad de la infracción, la duración y la cooperación de la empresa durante la investigación al determinar el monto de la multa.

En casos de cárteles, donde las empresas se coluden para fijar precios o dividir mercados, las sanciones suelen ser más severas debido al impacto perjudicial significativo que estas prácticas tienen en la competencia y los consumidores. Además de las multas, la Comisión puede exigir a las empresas que **reviertan** las prácticas anticompetitivas y que implementen **medidas correctivas** para restaurar la competencia.

El **sistema de clemencia** es otro aspecto importante del procedimiento. Las empresas que cooperen plenamente con la Comisión y proporcionen pruebas cruciales pueden beneficiarse de reducciones en las multas o incluso de inmunidad total, dependiendo de su grado de cooperación y el momento de su colaboración.

Las **decisiones de la Comisión Europea** pueden ser apeladas ante el Tribunal General de la Unión Europea y, en última instancia, ante el Tribunal de Justicia de la Unión Europea. Este sistema de apelaciones asegura que las decisiones sean revisadas y que se mantenga el equilibrio entre la aplicación de la ley y la protección de los derechos de las empresas.

Capítulo 13:

Política Agrícola Común (PAC)

13.1 Historia y evolución de la PAC.

La Política Agrícola Común (PAC) de la Unión Europea ha experimentado una notable evolución desde su creación, adaptándose a los cambios en las necesidades del sector agrícola y en las prioridades de la UE. Esta política ha sido fundamental para la integración europea y el desarrollo del mercado único.

La PAC fue establecida en 1962 como uno de los pilares fundacionales de la Comunidad Económica Europea (CEE). Su objetivo inicial era aumentar la producción agrícola, asegurar el suministro de alimentos y garantizar un nivel de vida razonable para los agricultores. En sus primeros años, la PAC se centró en la producción y la autoabastecimiento, apoyando la agricultura mediante precios garantizados y subsidios a la producción.

Durante las décadas de 1970 y 1980, la PAC se enfrentó a varios desafíos, como el exceso de producción y la acumulación de reservas de productos agrícolas. Para abordar estos problemas, se introdujeron reformas que incluyeron la reducción de precios garantizados y el fomento de la producción sostenible. La política también comenzó a enfocarse en la gestión de recursos y la protección del medio ambiente, marcando un cambio significativo hacia un enfoque más equilibrado.

En la década de 1990, la PAC experimentó una reforma importante con la Agenda 2000, que buscó adaptar la política a los nuevos desafíos del siglo XXI. Esta reforma introdujo el concepto de pago único, desvinculado de la producción, lo que permitió a los agricultores recibir apoyo financiero sin estar obligados a producir ciertas cantidades. Este cambio promovió una mayor flexibilidad y sostenibilidad en la agricultura.

La reforma de 2003, conocida como la Agenda 2003, marcó otro hito significativo al introducir el concepto de condicionalidad, que vinculaba los pagos a la cumplimiento de normas medioambientales y de bienestar animal. Esta reforma consolidó el enfoque en el desarrollo rural y en la sostenibilidad, estableciendo una distinción clara entre los pagos directos y el apoyo al desarrollo rural.

Más recientemente, la PAC ha sido objeto de nuevas reformas en el marco del Presupuesto Multianual 2014-2020 y en el actual presupuesto 2021-2027. Estas reformas han reforzado el enfoque en la sostenibilidad ambiental y la inclusión social. La PAC actual se centra en tres pilares principales: el apoyo directo a los agricultores, el desarrollo rural y la gestión de mercados. Se ha incrementado el apoyo a las prácticas agrícolas respetuosas con el medio ambiente y se ha fortalecido la cohesión territorial.

La PAC también ha sido objeto de debate en relación con su eficacia y su impacto en los pequeños agricultores y en el medio ambiente. Los debates continúan en torno a cómo hacer que la política sea más inclusiva y más adaptada a los desafíos globales, como el cambio climático y la seguridad alimentaria.

13.2 Objetivos y principios de la PAC.

La Política Agrícola Común (PAC) de la Unión Europea tiene como objetivo principal apoyar el sector agrícola para garantizar la seguridad alimentaria y el desarrollo rural dentro de la UE. Desde su creación, la PAC ha evolucionado para abordar una serie de desafíos y prioridades, reflejando la necesidad de un enfoque equilibrado entre la producción agrícola y la sostenibilidad.

Uno de los objetivos fundamentales de la PAC es **garantizar un suministro estable y seguro de alimentos** a precios razonables para los consumidores. Este objetivo se centra en asegurar que los ciudadanos europeos tengan acceso a alimentos de calidad y que los precios sean justos tanto para los productores como para los consumidores. Para lograr esto, la PAC proporciona apoyo financiero a los agricultores, ayudando a estabilizar los mercados y a prevenir fluctuaciones extremas de precios.

Otro objetivo clave es **mejorar la rentabilidad y la competitividad del sector agrícola**. La PAC busca asegurar que los agricultores europeos puedan competir eficazmente en el mercado global, promoviendo la innovación y la modernización en el sector. Esto incluye la introducción de tecnologías avanzadas, la mejora de la eficiencia y el fomento de prácticas agrícolas que incrementen la productividad.

Además, la PAC tiene un fuerte enfoque en la **sostenibilidad ambiental y el desarrollo rural**. La política busca integrar prácticas agrícolas que respeten el medio ambiente y contribuyan a la conservación de los recursos naturales. Esto incluye la promoción de prácticas agrícolas sostenibles, la preservación de la biodiversidad y la mitigación del cambio climático. La PAC también apoya el desarrollo de las zonas rurales, fomentando el crecimiento económico y la cohesión territorial mediante la inversión en infraestructura y servicios.

La equidad y la cohesión social son principios fundamentales de la PAC. La política tiene como objetivo reducir las disparidades entre las regiones agrícolas de la UE y apoyar a los agricultores de menor escala y a las zonas desfavorecidas. Esto se traduce en ayudas específicas para los pequeños y medianos agricultores y en el apoyo a iniciativas que promuevan el desarrollo equitativo en las áreas rurales.

La **simplificación y la flexibilidad** también son principios clave de la PAC. La política se esfuerza por simplificar los procedimientos administrativos y proporcionar a los agricultores una mayor flexibilidad en la forma en que utilizan los fondos de la PAC. Esto ayuda a reducir la burocracia y a mejorar la eficacia de la política.

13.3 Régimen de pagos directos y desarrollo rural.

El régimen de pagos directos y el desarrollo rural son dos componentes esenciales de la Política Agrícola Común (PAC) de la Unión Europea, cada uno con objetivos y mecanismos específicos que contribuyen al apoyo y la sostenibilidad del sector agrícola.

El régimen de pagos directos está diseñado para proporcionar apoyo financiero directo a los agricultores de la UE. Este apoyo tiene como objetivo asegurar un nivel mínimo de ingresos para los productores, ayudando a estabilizar sus ingresos frente a las fluctuaciones del mercado. Los pagos directos se basan en una serie de criterios y condiciones, incluyendo el cumplimiento de normas ambientales, de bienestar animal y de seguridad alimentaria.

El régimen de pagos directos se divide en varios tipos de pagos, siendo los más prominentes el **pago básico** y el **pago verde**. El pago básico se otorga a los agricultores en función de la superficie de tierra agrícola que poseen y utilizan. Por otro lado, el pago verde se basa en prácticas agrícolas beneficiosas para el medio ambiente, como la agricultura ecológica y la rotación de cultivos, incentivando a los agricultores a adoptar prácticas que contribuyan a la sostenibilidad ambiental.

Además de los pagos directos, el desarrollo rural es un pilar fundamental de la PAC que busca fomentar la modernización y el crecimiento sostenible en las zonas rurales. La política de desarrollo rural proporciona fondos para una variedad de programas e iniciativas que promueven el desarrollo económico y social en las áreas rurales. Estos fondos están destinados a mejorar la infraestructura, apoyar la diversificación de las actividades económicas y promover la sostenibilidad ambiental.

El desarrollo rural se articula a través de programas de desarrollo rural, que son elaborados y gestionados a nivel nacional y regional. Estos programas incluyen medidas específicas, como la inversión en infraestructura rural, el apoyo a la formación y la innovación, y la mejora de la competitividad de las empresas agrícolas. Además, se enfoca en el fortalecimiento de la cohesión territorial y la mejora de la calidad de vida en las áreas rurales.

Las estrategias de desarrollo rural también abordan la adaptación al cambio climático y la gestión sostenible de los recursos naturales, apoyando prácticas que reduzcan el impacto ambiental y promuevan la resiliencia en el sector agrícola. Los fondos de desarrollo rural se utilizan para financiar proyectos que van desde la restauración de hábitats naturales hasta la modernización de instalaciones agrícolas y la creación de nuevas oportunidades económicas en las zonas rurales.

En conjunto, el régimen de pagos directos y el desarrollo rural constituyen un enfoque integral para apoyar al sector agrícola en la UE, equilibrando la necesidad de asegurar ingresos estables para los agricultores con el impulso hacia una agricultura más sostenible y un desarrollo equitativo en las áreas rurales. Ambos componentes trabajan en sinergia para promover una agricultura competitiva y sostenible, al tiempo que fomentan el crecimiento y la cohesión en las comunidades rurales de la Unión Europea.

13.4 Políticas de mercado y organización común de mercados.

Las políticas de mercado y la organización común de mercados son elementos esenciales en la Política Agrícola Común (PAC) de la Unión Europea, diseñados para gestionar los mercados agrícolas y garantizar el funcionamiento eficiente del mercado único.

La política de mercado de la UE se enfoca en regular y estabilizar los mercados agrícolas para asegurar precios justos tanto para los productores como para los consumidores. Para lograr esto, se implementan mecanismos que intervienen en el mercado para evitar fluctuaciones extremas de precios y garantizar un suministro constante de productos agrícolas. Entre estos mecanismos se encuentran las intervenciones públicas y los regímenes de apoyo, que permiten a la UE comprar productos agrícolas en el mercado cuando los precios caen por debajo de un umbral específico y luego vender estos productos cuando los precios se recuperan.

Además, la política de mercado también incluye mecanismos de gestión de crisis, diseñados para abordar situaciones excepcionales que afectan a los mercados agrícolas, como desastres naturales o perturbaciones económicas. Estos mecanismos pueden consistir en la creación de reservas, la implementación de ayudas de emergencia y la coordinación con los Estados miembros para proporcionar apoyo adicional a los sectores afectados.

La organización común de mercados (OCM) constituye el conjunto de reglas y estructuras que regula los mercados agrícolas en la UE. Esta organización se divide en diferentes sectores, tales como los de cereales, leche, vino y frutas y hortalizas, cada uno con su propio conjunto de normas y mecanismos específicos. El propósito de la OCM es crear un mercado integrado y competitivo para los productos agrícolas dentro de la UE, garantizando que los agricultores puedan operar en un entorno estable y predecible.

Dentro de la OCM se aplican instrumentos de regulación del mercado, como los regímenes de precios mínimos y máximos, las subvenciones a la producción y las normas de calidad y etiquetado. Estos instrumentos ayudan a mantener un equilibrio entre la oferta y la demanda, promoviendo una competencia leal y asegurando que los productos agrícolas cumplan con los estándares de calidad requeridos.

La reforma de la OCM también ha sido un proceso continuo para adaptarse a los cambios en el entorno económico y a las nuevas prioridades de la PAC. Las reformas han incluido la eliminación gradual de los precios garantizados y la transición hacia un sistema de apoyo más orientado al mercado, que permite a los agricultores recibir pagos basados en prácticas sostenibles y en el cumplimiento de normas ambientales.

13.5 Reforma de la PAC y desafíos futuros.

La reforma de la Política Agrícola Común (PAC) ha sido un proceso continuo, impulsado por la necesidad de adaptarse a un entorno agrícola y socioeconómico en constante cambio. A lo largo de los años, la PAC ha experimentado varias reformas para mejorar su eficacia, adaptarse a nuevas realidades y responder a desafíos emergentes. Estas reformas han incluido la revisión de los mecanismos de apoyo, la simplificación de procedimientos y el fortalecimiento del enfoque en la sostenibilidad.

Una de las principales reformas recientes de la PAC ha sido la orientación hacia un modelo más sostenible y respetuoso con el medio ambiente. Esto ha incluido la introducción de incentivos para prácticas agrícolas ecológicas, la promoción de la gestión sostenible de los recursos naturales y el refuerzo de los requisitos ambientales para recibir ayudas. La PAC también ha avanzado en la simplificación de procedimientos para reducir la burocracia y mejorar la eficacia en la distribución de fondos.

A pesar de estos avances, la PAC enfrenta una serie de desafíos futuros que deben abordarse para garantizar su relevancia y eficacia a largo plazo. Uno de los desafíos más importantes es la adaptación al cambio climático. La agricultura es una de las áreas más vulnerables al cambio climático, y la PAC debe continuar desarrollando estrategias para ayudar a los agricultores a adaptarse a las nuevas condiciones climáticas, mejorar la resiliencia de los sistemas agrícolas y mitigar el impacto ambiental de la actividad agrícola.

Otro desafío significativo es la promoción de la competitividad y la equidad en el sector agrícola. La PAC debe equilibrar el apoyo a los grandes productores y a los pequeños y medianos agricultores, garantizando que los recursos se distribuyan de manera justa y que todos los agricultores tengan oportunidades para prosperar. También es crucial fomentar la innovación y la modernización en el sector agrícola, para que los agricultores puedan competir eficazmente en un mercado global y afrontar los desafíos tecnológicos y económicos.

La cohesión territorial es otro aspecto clave que la PAC debe abordar. Las áreas rurales en la UE enfrentan desafíos demográficos y económicos, y la PAC debe seguir apoyando el desarrollo rural para garantizar un crecimiento equilibrado y sostenible en todas las regiones. Esto incluye el fortalecimiento de la infraestructura, el apoyo a la diversificación económica y la mejora de la calidad de vida en las zonas rurales.

Finalmente, la sostenibilidad social y económica es un tema central en las reformas futuras de la PAC. Asegurar que las políticas agrícolas contribuyan a la equidad social, la seguridad alimentaria y el desarrollo económico de las comunidades rurales es esencial para mantener el apoyo a la PAC y garantizar su éxito en el futuro.

En resumen, la reforma de la PAC ha sido un proceso continuo que ha adaptado la política a los cambios en el entorno agrícola y a las nuevas prioridades. Sin embargo, enfrentar los desafíos futuros, como el cambio climático, la competitividad, la cohesión territorial y la sostenibilidad, será crucial para asegurar que la PAC siga siendo una herramienta eficaz y relevante para el sector agrícola de la Unión Europea.

Capítulo 14:

Política Medioambiental de la Unión Europea

14.1 Fundamentos y objetivos de la política medioambiental.

Los fundamentos y objetivos de la política medioambiental de la Unión Europea están profundamente arraigados en el compromiso con la sostenibilidad y la protección del medio ambiente para las generaciones presentes y futuras. La política medioambiental de la UE se basa en la premisa de que un entorno saludable es esencial para la calidad de vida, el bienestar de los ciudadanos y el desarrollo económico sostenible.

Uno de los principios fundamentales de la política medioambiental de la UE es el **principio de precaución**, que establece que, en caso de riesgo de daño grave o irreversible al medio ambiente, la falta de certeza científica completa no debe ser una razón para posponer las medidas eficaces de prevención. Este principio guía las decisiones políticas y regulatorias para evitar daños potenciales incluso cuando la evidencia científica no es concluyente.

El **principio de quien contamina paga** también es central en la política medioambiental de la UE. Este principio establece que los costos asociados con la contaminación y el daño ambiental deben ser asumidos por aquellos que causan el daño, incentivando así a las empresas y a los individuos a reducir sus impactos ambientales y a adoptar prácticas más sostenibles.

En cuanto a los objetivos, la política medioambiental de la UE busca principalmente **preservar y mejorar la calidad del medio ambiente** en toda la región. Esto incluye la reducción de la contaminación del aire, agua y suelo, la protección de la biodiversidad y los ecosistemas, y la gestión sostenible de los recursos naturales. La UE también se esfuerza por **combatir el cambio climático** mediante la reducción de las emisiones de gases de efecto invernadero y el fomento de la transición hacia una economía baja en carbono.

Otro objetivo clave es **promover la eficiencia en el uso de recursos** y fomentar la economía circular, donde los productos y materiales se reutilizan y reciclan en lugar de ser desechados. La política medioambiental de la UE también busca **impulsar la innovación en tecnologías limpias** y soluciones sostenibles, apoyando así el desarrollo de nuevas tecnologías que reduzcan el impacto ambiental.

Además, la política medioambiental de la UE está diseñada para **garantizar una integración efectiva de las políticas medioambientales en otras áreas políticas**. Esto implica que las consideraciones medioambientales deben ser tomadas en cuenta en las políticas agrícolas, de transporte, de energía y en otras áreas relevantes, asegurando un enfoque cohesivo y multidimensional hacia la sostenibilidad.

14.2 Legislación ambiental: Directivas y Reglamentos.

La legislación ambiental de la Unión Europea se estructura principalmente a través de directivas y reglamentos, dos tipos de instrumentos jurídicos que juegan roles complementarios en la regulación y protección del medio ambiente. Ambos tienen propósitos específicos y se aplican de manera distinta, pero ambos son fundamentales para el desarrollo y la implementación de políticas medioambientales dentro de la UE.

Las **directivas** son instrumentos legislativos que establecen objetivos y normas que los Estados miembros deben cumplir, pero les otorgan flexibilidad en cuanto a cómo implementar dichas normas. Una directiva define las metas a alcanzar y el plazo para cumplirlas, pero deja a los países individuales la libertad de elegir los medios y métodos adecuados para lograr esos objetivos dentro de sus propios sistemas jurídicos. Por ejemplo, la **Directiva de Hábitats (92/43/CEE)** establece objetivos para la protección de hábitats naturales y especies, pero permite a los Estados miembros desarrollar sus propios planes y medidas para cumplir con estos objetivos.

Los **reglamentos**, en cambio, tienen una aplicación directa y uniforme en todos los Estados miembros sin necesidad de transposición nacional. Esto significa que un reglamento es de aplicación inmediata y directa en todos los países de la UE, proporcionando una base legal uniforme y coherente para todos. Por ejemplo, el **Reglamento REACH (Reglamento (CE) No 1907/2006)** sobre el registro, evaluación, autorización y restricción de sustancias químicas impone requisitos específicos a nivel europeo para la gestión de productos químicos, aplicándose directamente en todos los Estados miembros sin necesidad de legislación adicional.

Ambos tipos de legislación tienen su lugar dentro del marco normativo de la UE. Las directivas permiten adaptaciones nacionales y pueden ser modificadas para responder a circunstancias específicas en cada país, mientras que los reglamentos aseguran una aplicación uniforme y equitativa de la normativa medioambiental en toda la Unión. Juntos, estos instrumentos proporcionan un marco legal robusto para la protección del medio ambiente, garantizando que las políticas ambientales sean efectivas y consistentes en toda la región.

14.3 Cambio climático y política energética.

El cambio climático y la política energética están intrínsecamente vinculados, dado que la energía es una de las principales fuentes de emisiones de gases de efecto invernadero, responsables del calentamiento global. La Unión Europea ha reconocido esta conexión y ha adoptado una serie de políticas y estrategias para abordar el cambio climático mediante la transformación de su sector energético.

La política energética de la UE se basa en la transición hacia una economía baja en carbono. Esto implica reducir las emisiones de gases de efecto invernadero y fomentar el uso de fuentes de energía renovables. La UE se ha comprometido a aumentar la proporción de energía renovable en su mezcla energética y a mejorar la eficiencia energética en todos los sectores. El objetivo es disminuir la dependencia de los combustibles fósiles y reducir la huella de carbono del continente.

Para enfrentar el cambio climático, la UE ha establecido el Pacto Verde Europeo como una hoja de ruta clave. Este pacto incluye medidas específicas para alcanzar la neutralidad climática para 2050, lo que significa que la UE planea equilibrar sus emisiones de gases de efecto invernadero con la capacidad de absorción de estos gases, como la reforestación y otras prácticas de captura de carbono. Las políticas del Pacto Verde Europeo abarcan desde la promoción de energías limpias hasta la reforma de los sistemas de transporte y la mejora de la eficiencia energética en los edificios y la industria.

La estrategia de energía limpia de la UE también juega un papel crucial en la lucha contra el cambio climático. Esta estrategia se centra en tres pilares fundamentales: la seguridad energética, la sostenibilidad y la competitividad. La UE está invirtiendo en infraestructura para apoyar la integración de las energías renovables en la red eléctrica, promoviendo tecnologías innovadoras y fomentando la investigación en el campo de la energía limpia. Además, la estrategia busca garantizar que la transición energética no solo sea ecológica, sino también económicamente viable y socialmente justa.

Para apoyar estas políticas, la UE ha implementado mecanismos de comercio de emisiones de carbono y ha establecido objetivos vinculantes de reducción de emisiones. El Sistema de Comercio de Emisiones de la UE (ETS) permite a las empresas comprar y vender permisos de emisión, creando un incentivo financiero para reducir las emisiones. Este sistema está diseñado para establecer un precio para el carbono y fomentar la inversión en tecnologías de bajo carbono.

14.4 Protección de la biodiversidad y gestión de recursos naturales.

La protección de la biodiversidad y la gestión de los recursos naturales son aspectos fundamentales de la política ambiental de la Unión Europea, con el objetivo de conservar la riqueza natural del continente y asegurar su sostenibilidad para las generaciones futuras.

La **protección de la biodiversidad** se centra en preservar la variedad de vida en el planeta, que incluye la diversidad de especies, hábitats y ecosistemas. La UE ha establecido varias directrices y estrategias para abordar la pérdida de biodiversidad, destacando la Estrategia de la UE sobre la Biodiversidad para 2030. Esta estrategia busca proteger al menos el 30% de las áreas terrestres y marinas de la UE mediante la creación y gestión de una red de áreas protegidas. También pretende restaurar al menos el 25% de los ecosistemas degradados y garantizar que las políticas de la UE estén alineadas con la conservación de la biodiversidad.

Para lograr estos objetivos, la UE ha implementado la **Directiva de Hábitats** y la **Directiva de Aves**, que forman parte del sistema de protección de la naturaleza conocido como la Red Natura 2000. Este sistema es una red ecológica europea de áreas de conservación destinadas a proteger los hábitats naturales y las especies de interés comunitario. Además, la UE promueve la **Ley de Restauración de la Naturaleza**, que busca restaurar ecosistemas y especies en peligro, así como garantizar que las actividades humanas no causen más daños a la biodiversidad.

La **gestión de recursos naturales** implica el uso sostenible y responsable de los recursos que la naturaleza proporciona, como el agua, los suelos y los minerales. La UE ha adoptado varias políticas y regulaciones para garantizar que estos recursos se gestionen de manera que se mantenga su disponibilidad a largo plazo. Por ejemplo, la Directiva Marco del Agua establece un marco para la protección y gestión de los recursos hídricos en Europa, asegurando que las aguas superficiales y subterráneas se mantengan en buen estado y que se reduzcan la contaminación y el sobreuso.

En el ámbito de la **gestión sostenible de los suelos**, la UE trabaja para prevenir la degradación del suelo, como la erosión y la contaminación, que pueden comprometer la capacidad de los suelos para sustentar la vida vegetal y animal. Se promueve la agricultura sostenible y las prácticas de manejo del suelo que conservan su salud y fertilidad.

La **política de recursos naturales** también abarca la gestión de los recursos minerales y energéticos, con el objetivo de reducir el impacto ambiental de su extracción y uso. Esto incluye la promoción de la economía circular, donde los materiales se reutilizan y reciclan en lugar de ser desechados, reduciendo así la presión sobre los recursos naturales.

14.5 Instrumentos de financiación y programas ambientales de la UE.

La Unión Europea dispone de una serie de instrumentos de financiación y programas destinados a apoyar iniciativas ambientales y promover la sostenibilidad. Estos instrumentos son esenciales para implementar las políticas ambientales y alcanzar los objetivos de la UE en materia de protección del medio ambiente y cambio climático.

Uno de los principales instrumentos de financiación es el **Programa LIFE**, el único programa de financiación de la UE dedicado exclusivamente al medio ambiente y la acción por el clima. LIFE apoya proyectos en áreas como la protección de la biodiversidad, la gestión de residuos, la adaptación al cambio climático y la reducción de las emisiones de gases de efecto invernadero. Este programa proporciona fondos para iniciativas innovadoras y de alto impacto que contribuyen a la implementación de las políticas ambientales de la UE.

El **Horizonte Europa** es otro programa clave de financiación, con un enfoque más amplio que incluye la investigación e innovación en áreas ambientales.

Dentro de este programa, se financian proyectos que abordan desafíos ambientales, como la transición a energías limpias, la gestión de recursos naturales y la promoción de tecnologías sostenibles. Horizonte Europa busca fomentar la cooperación entre investigadores, empresas y entidades públicas para desarrollar soluciones innovadoras para los problemas ambientales.

Además, la **Política de Cohesión** de la UE también juega un papel crucial en la financiación de proyectos ambientales. A través de los **Fondos Estructurales y de Inversión Europeos (Fondos EIE)**, se destinan recursos significativos a proyectos que promuevan el desarrollo sostenible, la protección del medio ambiente y la adaptación al cambio climático en las regiones y ciudades de la UE. Estos fondos se utilizan para financiar mejoras en infraestructura ambiental, como la gestión de aguas residuales, el reciclaje de residuos y la restauración de ecosistemas.

El **Fondo Europeo Agrícola de Desarrollo Rural (FEADER)** apoya la política agrícola de la UE con un enfoque en el desarrollo rural y la gestión sostenible de los recursos naturales en el sector agrícola. FEADER financia proyectos que promueven prácticas agrícolas sostenibles, la conservación de paisajes y la protección de la biodiversidad en áreas rurales.

La **Iniciativa de Inversión en Energía y Clima (ECLIPSE)**, en el marco del Pacto Verde Europeo, proporciona fondos para la inversión en tecnologías limpias y soluciones climáticas. Esta iniciativa busca acelerar la transición hacia una economía baja en carbono mediante la financiación de proyectos innovadores en energías renovables, eficiencia energética y tecnologías de captura y almacenamiento de carbono.

Capítulo 15:

Política de Transporte de la Unión Europea

15.1 Objetivos y principios de la política de transporte.

La política de transporte de la Unión Europea está orientada a crear un sistema de transporte eficiente, sostenible e inclusivo que responda a las necesidades económicas y sociales del continente. Sus objetivos y principios fundamentales son clave para guiar el desarrollo y la implementación de políticas que aborden los desafíos actuales y futuros en el sector del transporte.

Uno de los principales **objetivos** de la política de transporte de la UE es mejorar la **eficiencia y la conectividad** del sistema de transporte en toda Europa. Esto incluye la promoción de una red de transporte integrada que facilite el movimiento fluido de bienes y personas a través de las fronteras nacionales. La creación de una **red transeuropea de transporte (TEN-T)** es una de las iniciativas clave en este sentido, buscando conectar todos los países de la UE mediante una infraestructura moderna y bien desarrollada.

Otro objetivo importante es **fomentar la sostenibilidad** en el sector del transporte. La UE se compromete a reducir las emisiones de gases de efecto invernadero y la contaminación del aire mediante la promoción de tecnologías de transporte limpia y eficiente. Esto incluye el impulso del transporte público, el fomento del uso de vehículos eléctricos y la integración de soluciones de movilidad sostenible en el desarrollo urbano.

La **seguridad** es también una prioridad fundamental. La política de transporte de la UE trabaja para mejorar la seguridad en las carreteras, ferrocarriles y vías navegables, reduciendo los accidentes y protegiendo a los usuarios del transporte. Esto implica la implementación de normas y estándares de seguridad y la promoción de prácticas y tecnologías que contribuyan a un entorno de transporte más seguro.

La **inclusión y accesibilidad** son principios cruciales en la política de transporte de la UE. Se busca garantizar que todos los ciudadanos, incluidos aquellos con movilidad reducida o discapacidades, tengan acceso equitativo a los servicios de transporte. Esto se traduce en la promoción de infraestructuras y servicios que sean accesibles y adaptados a las necesidades de todos los usuarios.

Finalmente, la **innovación y digitalización** son principios esenciales para modernizar el sector del transporte. La UE fomenta la adopción de nuevas tecnologías, como la digitalización de los sistemas de transporte y la integración de soluciones inteligentes de movilidad. Esto incluye el desarrollo de sistemas de transporte inteligentes y la promoción de la investigación y la innovación en tecnologías de transporte emergentes.

15.2 Liberalización y regulación del transporte aéreo.

La liberalización y regulación del transporte aéreo en la Unión Europea representan un esfuerzo por equilibrar la competencia abierta con la necesidad de asegurar un alto nivel de seguridad, calidad y sostenibilidad en el sector. Estos procesos han transformado significativamente el mercado aéreo europeo, promoviendo una mayor conectividad y eficiencia, al tiempo que se implementan normas estrictas para proteger los intereses de los usuarios y el medio ambiente.

La liberalización del transporte aéreo en la UE comenzó con la adopción de una serie de reglamentos y directivas que buscan abrir el mercado aéreo a una competencia más amplia. El proceso de liberalización se inició en 1987 con el Primer Paquete Aéreo, que eliminó las restricciones sobre la capacidad, la frecuencia y las rutas de los vuelos dentro de la UE. Este paquete permitió a las aerolíneas de los Estados miembros operar en cualquier ruta dentro de la comunidad, fomentando la competencia y reduciendo los precios de los billetes.

El Segundo y Tercer Paquete Aéreo, adoptados en 1990 y 1992 respectivamente, extendieron estas reformas, permitiendo una mayor apertura del mercado y la introducción de la libre prestación de servicios aéreos entre los países de la UE. Estas medidas facilitaron la entrada de nuevas aerolíneas y promovieron una mayor competencia en el sector, beneficiando a los consumidores con una mayor oferta y precios más bajos.

El proceso de regulación del transporte aéreo busca asegurar que la liberalización no comprometa la seguridad, la calidad del servicio y el impacto ambiental. La Agencia Europea de Seguridad Aérea (EASA) desempeña un papel crucial en la regulación del sector, estableciendo normas de seguridad y certificación para aeronaves y operadores. EASA trabaja para garantizar que todos los operadores aéreos en la UE cumplan con los más altos estándares de seguridad, independientemente de su país de origen.

Además, la regulación de la competencia es gestionada por la Comisión Europea, que supervisa y controla las prácticas empresariales para evitar abusos de posición dominante y prácticas anticompetitivas. La Comisión también vela por el cumplimiento de las normas de competencia y la integración de las aerolíneas en un mercado único.

En cuanto a la sostenibilidad, la UE ha introducido medidas para mitigar el impacto ambiental del transporte aéreo. La introducción del Sistema de Comercio de Derechos de Emisión (ETS) para el sector aéreo y las iniciativas para fomentar el uso de combustibles alternativos son ejemplos de cómo la regulación también busca reducir la huella de carbono del transporte aéreo.

15.3 Política ferroviaria y desarrollo del transporte ferroviario.

La política ferroviaria de la Unión Europea se orienta a desarrollar un sistema de transporte ferroviario eficiente, sostenible y competitivo, con el propósito de mejorar la conectividad entre las regiones y reducir el impacto ambiental del transporte.

Uno de los principales objetivos es la liberalización del mercado ferroviario. A través de diversos paquetes legislativos, conocidos como los Paquetes Ferroviarios, la UE ha impulsado reformas para abrir el mercado a la competencia. Estas reformas permiten a las empresas ferroviarias operar tanto servicios internacionales como nacionales en toda la Unión, promoviendo una mayor competencia, mejorando la calidad del servicio y ofreciendo a los consumidores más opciones y precios más competitivos.

Otro objetivo central es la cohesión y la integración de la red ferroviaria. La UE ha invertido en la creación de una Red Transeuropea de Transporte (TEN-T) que conecta las principales ciudades y regiones del continente con una infraestructura ferroviaria moderna y eficiente. Esta red busca superar las barreras nacionales y fomentar un sistema de transporte intermodal que integre el ferrocarril con otros modos de transporte, como el por carretera y el marítimo.

La sostenibilidad es un principio clave en la política ferroviaria. El transporte ferroviario es uno de los modos más ecológicos debido a su menor impacto en términos de emisiones de CO_2 en comparación con el transporte por carretera y aéreo. La UE promueve el uso de tecnologías limpias y la electrificación de las líneas ferroviarias para reducir aún más la huella ambiental. Las inversiones en infraestructura y la modernización de la flota ferroviaria también están orientadas a mejorar la eficiencia energética y disminuir las emisiones.

La seguridad es otra prioridad fundamental. La UE establece normas y directrices para garantizar la seguridad en la operación de los servicios ferroviarios. Esto incluye la implementación de sistemas de control de tráfico, la modernización de las infraestructuras y la formación continua del personal. La Agencia Europea de Seguridad Ferroviaria (ERA) juega un papel crucial en la supervisión y regulación de las normas de seguridad en el sector ferroviario.

El desarrollo regional es también un aspecto importante de la política ferroviaria. La UE apoya proyectos que mejoran la conectividad en regiones menos desarrolladas y áreas periféricas, contribuyendo al equilibrio económico y social en el continente. A través de fondos europeos y programas de financiación, se fomentan inversiones en infraestructura ferroviaria que facilitan el acceso a mercados y oportunidades económicas en todo el territorio de la Unión.

15.4 Transporte marítimo y fluvial.

La política de transporte marítimo y fluvial de la Unión Europea tiene como objetivo promover un sistema de transporte eficiente, sostenible y seguro en las vías navegables del continente. Esta política busca facilitar el comercio, proteger el medio ambiente y mejorar la conectividad en toda la región.

El transporte marítimo juega un papel crucial en el sistema de transporte europeo, dado que gran parte del comercio internacional de la UE se realiza por mar. La política de transporte marítimo se centra en mejorar la competitividad del sector, garantizar la seguridad y proteger el medio ambiente. Para ello, se han implementado medidas como la modernización de los puertos, la mejora de las infraestructuras marítimas y la promoción de prácticas sostenibles. La Directiva sobre el mercado interior del transporte marítimo ha sido fundamental para abrir el mercado a la competencia y mejorar los servicios portuarios. Además, la UE promueve la adopción de tecnologías limpias y la reducción de las emisiones de gases contaminantes en el transporte marítimo a través de iniciativas como el Sistema de Comercio de Derechos de Emisión (ETS) y programas específicos destinados a reducir la huella ecológica de los barcos.

En cuanto al transporte fluvial, la política de la UE se enfoca en desarrollar y modernizar las vías fluviales para fomentar su uso y mejorar la conectividad dentro del mercado interior. El transporte fluvial se considera una alternativa sostenible al transporte por carretera, ya que contribuye a reducir la congestión y las emisiones. Las políticas europeas se centran en integrar las redes fluviales con el resto del sistema de transporte, mejorar la infraestructura fluvial y aumentar la eficiencia de las operaciones. La Red Transeuropea de Transporte (TEN-T) incluye las vías navegables interiores como una parte esencial de la infraestructura de transporte.

La seguridad y la protección del medio ambiente son prioridades en ambas áreas. Para el transporte marítimo, la **Agencia Europea de Seguridad Marítima (EMSA)** establece normas rigurosas, supervisa la seguridad en el transporte marítimo, asegura el cumplimiento de las normativas y promueve las mejores prácticas. En el ámbito fluvial, la seguridad de la navegación y la protección del medio ambiente son gestionadas a nivel nacional y regional, con el apoyo de directrices y regulaciones europeas.

La financiación es otro aspecto clave en la política de transporte marítimo y fluvial. La UE proporciona fondos para proyectos que mejoran la infraestructura portuaria y fluvial, como el Programa de Conectividad Europea y el Fondo Europeo de Desarrollo Regional (FEDER). Estos fondos están destinados a apoyar la modernización de los puertos, la construcción de nuevas instalaciones y la mejora de las redes fluviales.

15.5 Infraestructuras de transporte y redes transeuropeas.

Las infraestructuras de transporte y las redes transeuropeas son componentes esenciales en la política de transporte de la Unión Europea, destinados a crear un sistema de transporte integrado, eficiente y sostenible que facilite la movilidad y el comercio en toda la región.

Las infraestructuras de transporte en la UE incluyen una variedad de instalaciones y sistemas, tales como carreteras, ferrocarriles, puertos y aeropuertos. La modernización y el mantenimiento de estas infraestructuras son cruciales para asegurar su funcionalidad y capacidad para manejar el crecimiento del tráfico. La UE ha realizado importantes inversiones para mejorar estas infraestructuras, con el objetivo de aumentar la conectividad entre los estados miembros y reducir las barreras físicas y logísticas en el continente.

Las redes transeuropeas de transporte (TEN-T) son una parte clave de esta estrategia. La TEN-T es una red de infraestructuras de transporte que conecta las principales ciudades y regiones de Europa, facilitando el movimiento de personas y mercancías a lo largo del continente. Esta red abarca tanto el transporte terrestre como el marítimo y aéreo, integrando diferentes modos de transporte para crear un sistema cohesivo. La TEN-T se divide en una red central y una red global. La red central se enfoca en los corredores de transporte más importantes y utilizados, mientras que la red global proporciona una cobertura más amplia y regional.

El objetivo principal de la TEN-T es eliminar los cuellos de botella en el transporte, mejorar la interoperabilidad entre diferentes sistemas de transporte y fomentar una mayor eficiencia en el movimiento de mercancías y personas. La red también busca promover la sostenibilidad al incentivar el uso de modos de transporte más ecológicos, como el ferrocarril y el transporte marítimo.

La financiación de las infraestructuras de transporte y de la TEN-T se lleva a cabo mediante varios programas y fondos europeos, como el Programa de Conectividad Europea (CEF) y el Fondo Europeo de Desarrollo Regional (FEDER). Estos fondos están destinados a apoyar proyectos de infraestructura que mejoren la red de transporte, promuevan la innovación y faciliten la integración del mercado interior europeo.

Las inversiones en infraestructuras no solo buscan mejorar la eficiencia del transporte, sino también estimular el desarrollo económico y social en las regiones. Una red de transporte bien conectada facilita el acceso a mercados y recursos, contribuye al desarrollo regional equilibrado y apoya la cohesión económica y social en toda la UE.

En resumen, las infraestructuras de transporte y las redes transeuropeas son fundamentales para el funcionamiento eficaz del sistema de transporte de la Unión Europea. A través de la modernización y expansión de estas infraestructuras, y de la integración de diferentes modos de transporte, la UE trabaja para garantizar una movilidad eficiente, sostenible y cohesionada en todo el continente.

Capítulo 16:

Política de Salud Pública en la Unión Europea

16.1 Fundamentos y objetivos de la política de salud pública.

La política de salud pública de la Unión Europea se fundamenta en la premisa de que la protección de la salud es un derecho fundamental de todos los ciudadanos y que la cooperación a nivel europeo puede mejorar significativamente la calidad de vida y bienestar de la población. Aunque la responsabilidad primaria en materia de salud recae en los Estados miembros, la UE juega un papel crucial en la coordinación de políticas, en la implementación de medidas preventivas, y en la promoción de altos estándares de salud en toda la región.

Uno de los principales fundamentos de la política de salud pública de la UE es la promoción de un enfoque preventivo hacia la salud, centrado en la reducción de factores de riesgo y en la promoción de estilos de vida saludables. Esto incluye campañas de educación sanitaria, programas de vacunación y medidas para combatir el tabaquismo, el alcoholismo y la obesidad. La prevención es vista como una estrategia clave para reducir la carga de enfermedades crónicas y mejorar la calidad de vida.

La investigación y la innovación en el ámbito de la salud son también pilares fundamentales de la política de la UE. A través de programas de financiamiento y cooperación en investigación, la UE busca fomentar avances científicos que puedan mejorar el diagnóstico, tratamiento y prevención de enfermedades. La promoción de la investigación en salud pública también incluye el desarrollo de nuevos tratamientos y tecnologías médicas, así como la mejora de la seguridad de los medicamentos y productos sanitarios.

La coordinación y cooperación entre los Estados miembros es otro componente esencial de la política de salud pública de la UE. En un mundo globalizado, las enfermedades y amenazas para la salud no respetan fronteras, lo que hace crucial una respuesta coordinada a nivel europeo. La UE facilita la cooperación en la preparación y respuesta a crisis de salud, promoviendo la colaboración en la vigilancia epidemiológica, el intercambio de información y la adopción de medidas conjuntas.

Además, la equidad en el acceso a servicios de salud de alta calidad es un objetivo central. La UE trabaja para reducir las disparidades en salud entre diferentes regiones y grupos sociales, promoviendo la accesibilidad y calidad de los servicios de salud para todos los ciudadanos, independientemente de su situación económica o lugar de residencia.

16.2 Coordinación de políticas sanitarias entre los Estados miembros.

La coordinación de políticas sanitarias entre los Estados miembros de la Unión Europea es un aspecto fundamental para garantizar un enfoque coherente y eficaz en la protección de la salud pública a nivel europeo. Aunque la competencia principal en materia de salud recae en los gobiernos nacionales, la UE desempeña un papel crucial en facilitar la cooperación y el intercambio de información entre los Estados miembros, asegurando que las políticas de salud sean compatibles y se refuercen mutuamente.

Una de las principales vías de coordinación es a través del Comité de Seguridad Sanitaria, que reúne a expertos de todos los Estados miembros para discutir y coordinar respuestas a emergencias sanitarias. Este comité se activa en situaciones de crisis, como pandemias o brotes de enfermedades, y permite una respuesta conjunta que maximiza la eficacia de las medidas adoptadas por cada país.

Además, la UE promueve la armonización de estándares de salud mediante la adopción de directivas y reglamentos que establecen marcos comunes para la seguridad de los productos sanitarios, la calidad de los medicamentos y la vigilancia de enfermedades. Estos instrumentos legislativos buscan asegurar que todos los ciudadanos de la UE tengan acceso a niveles similares de protección sanitaria, independientemente de su lugar de residencia.

La cooperación en el ámbito de la salud pública también se extiende a la investigación y el desarrollo de nuevas tecnologías médicas. A través de programas de financiamiento y plataformas de colaboración, la UE facilita la participación conjunta de los Estados miembros en proyectos de investigación que abordan desafíos sanitarios comunes, como el envejecimiento de la población, las enfermedades crónicas y las amenazas emergentes para la salud.

Asimismo, la coordinación de políticas sanitarias incluye la gestión de la salud transfronteriza, donde la UE ha establecido mecanismos para facilitar el acceso a la atención sanitaria en otros Estados miembros. Esto permite a los ciudadanos recibir tratamiento médico en cualquier país de la UE y garantiza que los costos sean cubiertos por su sistema nacional de salud, fomentando así una mayor equidad y accesibilidad en la atención sanitaria.

En el ámbito de la prevención, la UE coordina campañas de salud pública que abordan problemas comunes, como la lucha contra el tabaquismo, la obesidad o las enfermedades infecciosas. Estas campañas suelen estar respaldadas por investigaciones y datos compartidos entre los Estados miembros, lo que refuerza la eficacia de las intervenciones a nivel nacional.

16.3 Seguridad alimentaria y control de enfermedades.

La seguridad alimentaria y el control de enfermedades son componentes críticos de la política de salud pública en la Unión Europea, diseñados para proteger la salud de los consumidores y garantizar que los alimentos en el mercado europeo sean seguros para el consumo. La UE ha desarrollado un marco normativo integral que abarca desde la producción hasta el consumo de alimentos, con el objetivo de minimizar los riesgos asociados con la cadena alimentaria.

La seguridad alimentaria en la UE se basa en el principio de "de la granja a la mesa", que implica un control riguroso en todas las etapas de la producción, procesamiento, distribución y venta de alimentos. Esto incluye la implementación de normas estrictas sobre la higiene alimentaria, la trazabilidad de los productos, y la regulación del uso de aditivos, pesticidas y medicamentos veterinarios. Las autoridades de cada Estado miembro son responsables de supervisar y hacer cumplir estas normativas, en coordinación con la Agencia Europea de Seguridad Alimentaria (EFSA).

La EFSA desempeña un papel clave en la evaluación de riesgos alimentarios, proporcionando asesoramiento científico independiente sobre cuestiones relacionadas con la seguridad de los alimentos. Esto incluye la evaluación de los riesgos asociados con nuevos productos alimenticios, como los alimentos genéticamente modificados, así como el monitoreo de contaminantes en la cadena alimentaria. Los dictámenes de la EFSA son fundamentales para la toma de decisiones en materia de seguridad alimentaria a nivel de la UE.

El control de enfermedades, particularmente las enfermedades zoonóticas y las enfermedades transmitidas por alimentos, es otra área clave de la política de seguridad alimentaria de la UE. Las medidas incluyen la vigilancia y control de enfermedades en animales, así como la implementación de sistemas de alerta rápida para identificar y responder rápidamente a brotes de enfermedades relacionadas con alimentos. La coordinación entre los Estados miembros y las instituciones de la UE es esencial para gestionar estos riesgos de manera efectiva.

La UE también ha establecido programas de inspección y auditoría para garantizar que los Estados miembros cumplan con las normativas de seguridad alimentaria. Estas inspecciones se llevan a cabo tanto dentro de la UE como en terceros países que exportan alimentos al mercado europeo. El objetivo es asegurar que todos los alimentos que llegan a los consumidores europeos cumplan con los estándares de seguridad alimentaria de la UE, independientemente de su origen.

En caso de que se detecten riesgos graves para la salud, la UE tiene la capacidad de tomar medidas inmediatas, como la retirada de productos del mercado y la prohibición de importaciones de ciertos productos. Estas acciones son coordinadas a través del Sistema de Alerta Rápida para Alimentos y Piensos (RASFF), que permite a los Estados miembros compartir información sobre productos alimenticios que representen un riesgo para la salud pública.

16.4 Investigación y desarrollo en salud.

La investigación y desarrollo en salud es un pilar fundamental en la política sanitaria de la Unión Europea, orientada a mejorar la salud pública, fomentar la innovación médica, y abordar los desafíos emergentes en el ámbito de la salud. La UE ha establecido diversos programas y mecanismos de financiación para apoyar la investigación en salud, con el objetivo de desarrollar nuevos tratamientos, mejorar la atención médica, y garantizar un acceso equitativo a los avances en salud para todos los ciudadanos europeos.

Uno de los principales instrumentos de la UE en este ámbito es el Programa Marco de Investigación e Innovación, actualmente representado por Horizonte Europa, que financia proyectos de investigación en una amplia gama de áreas, incluidas la biomedicina, la salud digital, y la prevención de enfermedades. Este programa busca fomentar la colaboración entre investigadores, instituciones académicas, empresas y gobiernos, para promover la innovación y encontrar soluciones a problemas de salud complejos.

La investigación en salud en la UE también se enfoca en enfermedades raras y crónicas, con el objetivo de desarrollar terapias innovadoras que puedan mejorar la calidad de vida de los pacientes. La cooperación entre los Estados miembros es esencial para compartir conocimientos, recursos y datos, especialmente en áreas donde la investigación individual podría no ser suficiente debido a la baja prevalencia de ciertas condiciones.

Otro aspecto clave es la inversión en investigación sobre enfermedades infecciosas y emergentes, que ha adquirido mayor relevancia en el contexto de la pandemia de COVID-19. La UE ha intensificado sus esfuerzos para desarrollar vacunas, tratamientos y estrategias de prevención, y ha establecido asociaciones público-privadas como la Iniciativa de Medicamentos Innovadores (IMI) para acelerar la investigación y el desarrollo en estas áreas críticas.

La investigación en salud digital y tecnologías médicas es otro campo prioritario para la UE. El desarrollo de herramientas de diagnóstico avanzadas, plataformas de telemedicina y aplicaciones de salud móvil forman parte de una estrategia más amplia para digitalizar la atención sanitaria y hacerla más accesible y eficiente. La UE también apoya la investigación en inteligencia artificial y big data aplicada a la salud, con el objetivo de personalizar los tratamientos y mejorar los resultados clínicos.

La financiación y el apoyo a la investigación y desarrollo en salud en la UE no solo se limitan a la ciencia básica y aplicada, sino que también incluyen la formación de investigadores y el fortalecimiento de las capacidades de investigación en toda Europa. A través de iniciativas como las Acciones Marie Skłodowska-Curie, la UE fomenta la movilidad de los investigadores y el intercambio de conocimientos a nivel europeo e internacional.

16.5 Respuesta a emergencias sanitarias y pandemias.

La respuesta a emergencias sanitarias y pandemias es una prioridad crucial para la Unión Europea, y se ha convertido en un área de enfoque estratégico en la última década. La UE ha desarrollado un marco integral para coordinar las acciones de los Estados miembros, fortalecer la capacidad de respuesta y mitigar los impactos de las crisis de salud pública en toda la región. Este enfoque ha sido moldeado por lecciones aprendidas de pandemias anteriores, como la gripe H1N1, y más recientemente, la pandemia de COVID-19.

Una de las piezas clave de la respuesta de la UE a emergencias sanitarias es el Centro Europeo para la Prevención y el Control de Enfermedades (ECDC). Este organismo desempeña un papel fundamental en la monitorización de enfermedades infecciosas, el análisis de riesgos, y la provisión de recomendaciones científicas a los Estados miembros. El ECDC también facilita el intercambio de información crítica y promueve la armonización de las respuestas nacionales, asegurando que las medidas adoptadas sean coherentes y efectivas en toda la UE.

El Mecanismo de Protección Civil de la UE es otro instrumento vital en la respuesta a emergencias sanitarias. Este mecanismo permite una rápida movilización de recursos y equipos médicos en caso de crisis, y facilita la coordinación de la asistencia entre los Estados miembros y países terceros. Durante la pandemia de COVID-19, el Mecanismo de Protección Civil fue activado para apoyar el transporte de suministros médicos, repatriar ciudadanos europeos y desplegar equipos médicos de emergencia a las zonas más afectadas.

Además, la UE ha establecido el Instrumento de Emergencia, que proporciona financiación para abordar crisis sanitarias de gran magnitud. Este instrumento ha sido utilizado para financiar la investigación y desarrollo de vacunas, terapias y diagnósticos, así como para apoyar la producción y distribución de equipos de protección personal y otros suministros críticos. La UE también ha creado la Autoridad de Preparación y Respuesta ante Emergencias Sanitarias (HERA), que se encarga de anticipar amenazas sanitarias, coordinar la respuesta y asegurar la disponibilidad de contramedidas médicas en futuras crisis.

La cooperación internacional es otro pilar de la respuesta de la UE a emergencias sanitarias. La UE ha trabajado estrechamente con organizaciones internacionales como la OMS y ha participado en iniciativas globales para garantizar un acceso equitativo a vacunas, tratamientos y diagnósticos, como COVAX. Esta colaboración internacional es esencial para enfrentar pandemias que, por su naturaleza, no respetan fronteras y requieren una acción global concertada.

En términos de preparación, la UE ha reforzado su capacidad de respuesta mediante la creación de planes de contingencia y simulacros de emergencia que permiten evaluar y mejorar la coordinación entre los Estados miembros. Estos planes incluyen la vigilancia epidemiológica, la disponibilidad de capacidades hospitalarias, y la logística para la distribución rápida de medicamentos y vacunas.

Capítulo 17:

Educación, Cultura y Deporte en la Unión Europea

17.1 Programas educativos y de movilidad: Erasmus+ y otros.

El programa Erasmus+ es uno de los pilares fundamentales de la política educativa y de movilidad de la Unión Europea. Este programa, que ha evolucionado desde su creación en 1987, tiene como objetivo principal fomentar la movilidad y la cooperación entre instituciones educativas, facilitando así el intercambio de estudiantes, profesores y personal académico entre los países miembros y asociados de la UE. A lo largo de los años, Erasmus+ ha permitido a millones de jóvenes europeos estudiar, trabajar o realizar prácticas en el extranjero, enriqueciendo su formación académica y personal.

Erasmus+ no solo se centra en la movilidad estudiantil, sino que también abarca una amplia gama de actividades educativas y formativas. El programa incluye acciones para apoyar la educación escolar, la educación superior, la formación profesional, la educación de adultos y el aprendizaje no formal. Esto se traduce en una amplia oferta de oportunidades para que personas de todas las edades y niveles educativos puedan beneficiarse de experiencias internacionales que fomenten el desarrollo de competencias clave, como el aprendizaje de idiomas, la adaptabilidad y el entendimiento intercultural.

Además de Erasmus+, la Unión Europea ha desarrollado otros programas educativos y de movilidad que complementan esta iniciativa. Entre ellos se encuentra el programa Horizonte Europa, que aunque se centra en la investigación y la innovación, ofrece oportunidades significativas para la movilidad de investigadores y académicos, promoviendo la colaboración entre universidades, centros de investigación y empresas en toda Europa. Este programa busca fortalecer el Espacio Europeo de Investigación y fomentar la excelencia científica a través de proyectos colaborativos de alto impacto.

Otro ejemplo es el Cuerpo Europeo de Solidaridad, una iniciativa que permite a los jóvenes participar en proyectos de voluntariado y solidaridad en diferentes países de la UE. A través de este programa, los participantes pueden desarrollar habilidades sociales y profesionales mientras contribuyen a la solución de problemas comunitarios, como la integración de refugiados, la protección del medio ambiente o la lucha contra la exclusión social.

La Unión Europea también apoya la movilidad en el ámbito de la formación profesional a través del programa EURES, que facilita el acceso a oportunidades de empleo y aprendizaje en toda Europa. Este programa conecta a los buscadores de empleo con empleadores en otros países de la UE, proporcionando información y apoyo para superar las barreras de la movilidad laboral, como las diferencias lingüísticas o las normativas laborales.

17.2 Políticas culturales y patrimonio europeo.

Las políticas culturales de la Unión Europea se centran en la promoción y preservación del patrimonio cultural europeo, así como en el fomento de la diversidad cultural y la creación artística. La UE reconoce que la cultura es un elemento clave para la identidad europea y un motor esencial para el desarrollo social y económico de sus Estados miembros. Por ello, se han implementado diversas iniciativas y programas que buscan proteger el patrimonio cultural, apoyar a los sectores creativos y culturales, y promover la cooperación entre los países europeos en el ámbito cultural.

Una de las principales iniciativas en esta área es el programa Europa Creativa, que tiene como objetivo apoyar a los sectores culturales y creativos de Europa. Este programa financia proyectos que fomentan la movilidad de artistas y profesionales culturales, el intercambio de obras y la cooperación transfronteriza. Europa Creativa también apoya la digitalización del patrimonio cultural, facilitando el acceso en línea a las obras y artefactos históricos, y garantizando que el patrimonio cultural de Europa sea accesible para todos.

La protección del patrimonio cultural es otro aspecto fundamental de las políticas culturales de la UE. La Unión Europea trabaja en la conservación y restauración de monumentos, sitios históricos y paisajes culturales a través de diversos programas de financiación y cooperación. Además, la UE ha desarrollado estrategias para combatir el tráfico ilícito de bienes culturales, que representa una amenaza significativa para el patrimonio cultural europeo. Estas estrategias incluyen la cooperación con organizaciones internacionales y la implementación de normativas que regulan la exportación e importación de bienes culturales.

El Año Europeo del Patrimonio Cultural, celebrado en 2018, fue una iniciativa emblemática que destacó la importancia del patrimonio cultural para la identidad europea. Durante este año, se llevaron a cabo numerosas actividades y eventos en toda Europa, con el objetivo de sensibilizar a los ciudadanos sobre la riqueza y diversidad del patrimonio cultural europeo y promover su conservación para las generaciones futuras.

La UE también promueve el acceso a la cultura y la participación cultural a través de programas que apoyan la educación y la formación en el ámbito cultural. Esto incluye el fomento de las artes y la creatividad en las escuelas, así como la creación de oportunidades para que los ciudadanos participen en actividades culturales. La digitalización juega un papel crucial en este esfuerzo, facilitando el acceso a contenidos culturales a través de plataformas en línea y promoviendo la inclusión de todos los ciudadanos en la vida cultural, independientemente de su ubicación geográfica o situación socioeconómica.

17.3 Fomento del multilingüismo y diversidad cultural.

El fomento del multilingüismo y la diversidad cultural es un aspecto central de las políticas culturales de la Unión Europea. La UE reconoce que la diversidad lingüística y cultural es una de sus mayores riquezas, y por ello, promueve activamente la enseñanza y el aprendizaje de múltiples idiomas, así como la preservación y promoción de las culturas diversas que conforman el mosaico europeo.

El multilingüismo es visto por la UE no solo como una herramienta para facilitar la comunicación y la movilidad entre los ciudadanos europeos, sino también como un medio para fortalecer la cohesión social y preservar la identidad cultural. La Unión Europea cuenta con 24 lenguas oficiales y apoya el aprendizaje de idiomas desde una edad temprana, fomentando la adquisición de al menos dos lenguas extranjeras por parte de los ciudadanos. Este objetivo es impulsado a través de programas como Erasmus+, que facilita la movilidad académica y profesional en toda Europa, permitiendo a los participantes sumergirse en nuevas culturas y mejorar sus competencias lingüísticas.

Además del aprendizaje de idiomas, la UE promueve el respeto y la valoración de las lenguas regionales y minoritarias. A través de iniciativas como la Carta Europea de las Lenguas Regionales o Minoritarias, se busca proteger estas lenguas y asegurar su transmisión a futuras generaciones, reconociendo su papel vital en la diversidad cultural de Europa.

La diversidad cultural, por su parte, es promovida mediante programas que apoyan la creación artística y la cooperación cultural transnacional. Europa Creativa, por ejemplo, financia proyectos que cruzan fronteras, fomentando la circulación de obras culturales y la colaboración entre artistas de diferentes países. La UE también trabaja en la integración de la diversidad cultural en todas sus políticas, asegurando que las diferencias culturales sean vistas como una fuente de enriquecimiento y no como un obstáculo.

La Unión Europea también reconoce la importancia de la cultura como un motor de desarrollo económico. Los sectores culturales y creativos no solo contribuyen al PIB europeo, sino que también son esenciales para la innovación y la cohesión social. Por ello, la UE apoya a estos sectores a través de políticas que promueven la accesibilidad a la cultura, la inclusión social y la participación de todos los ciudadanos en la vida cultural.

17.4 Apoyo al deporte y la actividad física.

El apoyo al deporte y la actividad física es un componente esencial de las políticas de la Unión Europea, enfocadas en mejorar la calidad de vida de sus ciudadanos. La UE reconoce que el deporte tiene un impacto positivo en la salud física y mental, fomenta la cohesión social, promueve valores como el respeto, la inclusión y el trabajo en equipo, y contribuye al desarrollo de comunidades más fuertes y unidas.

A través de programas específicos como Erasmus+ Sport, la Unión Europea financia iniciativas que buscan aumentar la participación en actividades deportivas, especialmente entre los grupos más vulnerables, como los jóvenes, las personas mayores, y aquellos con discapacidades. Estos programas no solo apoyan la práctica del deporte a nivel amateur, sino que también promueven la educación en valores a través de la actividad física, combaten la discriminación, y abogan por la igualdad de género en el deporte.

Además, la UE impulsa campañas de concienciación sobre la importancia de llevar un estilo de vida activo y saludable. Iniciativas como la Semana Europea del Deporte, que se celebra anualmente, buscan involucrar a ciudadanos de todas las edades en actividades físicas y deportivas, promoviendo la idea de que el deporte es accesible y beneficioso para todos.

La lucha contra el dopaje y el fomento de la integridad en el deporte son también áreas de enfoque clave para la UE. La Unión trabaja en estrecha colaboración con organizaciones deportivas internacionales para desarrollar y aplicar políticas que garanticen la equidad y la transparencia en las competiciones deportivas, protegiendo así a los atletas y al deporte en general.

17.5 Impacto de la integración europea en la educación y la cultura.

La integración europea ha tenido un impacto significativo en los ámbitos de la educación y la cultura, transformando no solo la forma en que se llevan a cabo las actividades educativas y culturales, sino también el acceso y la cooperación en estos campos a nivel transnacional.

En el sector educativo, la integración europea ha facilitado la creación de un espacio educativo común que permite a los estudiantes, profesores y profesionales del sector participar en programas de movilidad y cooperación. El programa Erasmus+, uno de los más emblemáticos, ha promovido la movilidad académica y profesional dentro de Europa, permitiendo a los estudiantes estudiar y realizar prácticas en diferentes países europeos. Esta movilidad no solo enriquece la experiencia educativa, sino que también fomenta el entendimiento intercultural y el aprendizaje de nuevas lenguas.

La implementación del Espacio Europeo de Educación Superior, a través del Proceso de Bolonia, ha promovido la convergencia de los sistemas educativos en Europa, facilitando la comparabilidad y el reconocimiento de los títulos y credenciales académicas. Esto ha permitido a los estudiantes europeos acceder a oportunidades de educación superior en toda la región con mayor facilidad, y ha contribuido a una mayor interoperabilidad entre las universidades y otras instituciones educativas.

En cuanto a la cultura, la integración europea ha estimulado la cooperación y el intercambio cultural entre los Estados miembros, promoviendo una mayor comprensión y apreciación de la diversidad cultural dentro de Europa. La UE ha apoyado numerosos programas y fondos destinados a la promoción de la cultura, como el programa Europa Creativa, que financia proyectos culturales transnacionales y fomenta la circulación de obras y artistas a través de las fronteras.

El reconocimiento y la preservación del patrimonio cultural europeo también se han beneficiado de la integración europea. Iniciativas como el Programa Cultura de la UE han apoyado la conservación de monumentos históricos, la restauración de obras de arte y la promoción de la herencia cultural europea, asegurando que el patrimonio común de Europa sea preservado para las futuras generaciones.

Además, la UE ha promovido la protección y la promoción de las lenguas regionales y minoritarias, reconociendo su importancia en la diversidad cultural europea. A través de la Carta Europea de las Lenguas Regionales o Minoritarias, se han establecido mecanismos para la protección y el fomento de estas lenguas, asegurando su transmisión y valorización en el contexto europeo.

Capítulo 18:

Desafíos y Futuro de la Unión Europea

18.1 La UE en el escenario global: retos y oportunidades.

La Unión Europea, en su papel como bloque político y económico de relevancia global, enfrenta una serie de retos y oportunidades en el escenario internacional. Estos desafíos y posibilidades son reflejo de su influencia creciente y su capacidad para moldear el orden mundial.

Retos Globales:

1. Geopolítica y Rivalidades Globales: La creciente rivalidad entre grandes potencias, como Estados Unidos, China y Rusia, presenta un reto significativo para la UE. La necesidad de mantener relaciones equilibradas con estas potencias mientras defiende sus propios intereses y valores requiere una estrategia diplomática y de seguridad robusta. La competencia por influencia en regiones clave, como Asia y África, también plantea desafíos en términos de cooperación y competencia.

2. Cambios Climáticos y Sostenibilidad: El cambio climático es un desafío global que requiere una acción coordinada a nivel internacional. La UE, que se ha posicionado como líder en la lucha contra el cambio climático, debe enfrentar la presión para mantener su liderazgo en la implementación de acuerdos globales como el Acuerdo de París. A su vez, necesita gestionar las expectativas y colaborar con otros actores globales para lograr una transición sostenible y efectiva hacia economías verdes.

3. Seguridad y Migración: Los conflictos internacionales, el terrorismo y la migración masiva son retos complejos que afectan a la UE. La gestión de las crisis migratorias y la cooperación en materia de seguridad con socios internacionales son esenciales para mantener la estabilidad interna y externa. La UE debe equilibrar la protección de sus fronteras con la promoción de soluciones humanitarias y el desarrollo de políticas de asilo y migración justas.

4. Evolución del Orden Internacional: La transformación del orden mundial, con la emergencia de nuevos actores y el declive relativo de los poderes tradicionales, exige que la UE adapte su estrategia global. Debe navegar en un entorno en el que el multilateralismo y el orden basado en normas se enfrentan a desafíos, mientras busca mantener su influencia en organizaciones internacionales como la ONU, la OMC y el G20.

Oportunidades Globales:

1. Promoción de Valores Democráticos y de Derechos Humanos: La UE tiene la oportunidad de reforzar su papel como defensora de los valores democráticos, los derechos humanos y el estado de derecho a nivel global. A través de su política exterior y de desarrollo, la UE puede apoyar la gobernanza democrática y los derechos de las minorías, promoviendo un orden internacional más justo y equitativo.

2. Innovación y Economía Digital: La UE puede aprovechar su capacidad para liderar en áreas emergentes como la economía digital, la inteligencia artificial y la tecnología verde. La promoción de estándares y regulaciones globales en estas áreas ofrece a la UE la oportunidad de influir en la dirección futura de la economía global y garantizar un desarrollo tecnológico sostenible y ético.

3. Fortalecimiento del Multilateralismo: En un contexto de crecientes tensiones unilaterales, la UE puede desempeñar un papel clave en la promoción y el fortalecimiento del multilateralismo. A través de su compromiso con las organizaciones internacionales y su capacidad para mediar en conflictos y promover la cooperación internacional, la UE puede contribuir a la estabilidad y la gobernanza global.

4. Acuerdos Comerciales y Económicos: La UE tiene la oportunidad de expandir su influencia económica global a través de acuerdos comerciales y asociaciones estratégicas. La negociación de tratados de libre comercio y acuerdos económicos con países y regiones fuera de Europa puede abrir nuevos mercados para las empresas europeas y fortalecer su posición en la economía global.

Conclusión: La UE enfrenta un entorno global caracterizado por incertidumbre y cambios rápidos, pero también tiene a su disposición una serie de oportunidades para ampliar su influencia y fortalecer su papel en el escenario internacional. Al enfrentar estos retos y aprovechar las oportunidades, la UE puede consolidar su posición como un actor global clave y promover un orden internacional basado en la cooperación, el desarrollo sostenible y el respeto por los valores universales.

18.2 Futuras perspectivas de ampliación y profundización de la integración europea.

Las futuras perspectivas de ampliación y profundización de la integración europea ofrecen una visión emocionante y llena de potencial para la Unión Europea, una entidad que ha logrado notables progresos desde su creación. A lo largo de los años, la UE ha demostrado un compromiso inquebrantable con la paz, la prosperidad y la cooperación, y continúa avanzando con una visión clara hacia un futuro más unido y próspero.

Ampliación de la Unión Europea: Un Futuro Prometedor

1. Integración de los Balcanes Occidentales: La UE ha hecho avances significativos en la integración de los países de los Balcanes Occidentales, un testimonio de su influencia positiva y su capacidad para fomentar la estabilidad en una región crucial. La perspectiva de sumar a Serbia, Albania, Montenegro y otros países a la familia europea es una manifestación del compromiso continuo de la UE con la cohesión y el desarrollo regional. La apertura de este capítulo demuestra la capacidad de la UE para liderar y transformar áreas de potencial conflicto en regiones de cooperación y prosperidad compartida.

2. Perspectivas para Turquía: Aunque el proceso ha sido complejo, el diálogo continuo con Turquía subraya la dedicación de la UE a construir puentes y ampliar su alcance. La posibilidad de que Turquía se una a la UE refleja una apuesta por la diversidad y el entendimiento mutuo, destacando el papel de la Unión en la promoción de valores compartidos y la estabilidad en la región euroasiática.

3. Nuevas Aspiraciones Europeas: La UE mantiene su puerta abierta a otros países europeos que desean unirse, demostrando una actitud inclusiva y proactiva. Este enfoque es un testimonio del éxito continuo de la Unión en crear un espacio donde las naciones comparten principios comunes y buscan beneficios mutuos, construyendo así una Europa más fuerte y unida.

Profundización de la Integración Europea: Un Compromiso con la Excelencia

1. Integración Económica Avanzada: La UE ha establecido una sólida Unión Económica y Monetaria, con el euro como símbolo de su éxito económico y financiero. La profundización de esta integración es una clara señal de la ambición de la Unión por consolidar un mercado único robusto y dinámico. Las reformas continuas en la gobernanza económica y la creación de un presupuesto común más fuerte prometen fortalecer aún más la estabilidad y la prosperidad compartida en toda la zona euro.

2. Política Exterior y de Seguridad Común (PESC): La UE ha demostrado su capacidad para actuar de manera coherente en la arena internacional, y la profundización de la PESC refleja su determinación de ser un actor global de influencia positiva. El desarrollo de una política de defensa común y una mayor cooperación en seguridad resaltan el papel de la Unión como guardiana de la paz y la estabilidad a nivel mundial.

3. Avances en Políticas Sociales y Laborales: La UE ha sido pionera en la promoción de políticas sociales que buscan reducir desigualdades y fomentar la cohesión. La implementación de políticas laborales justas y equitativas, junto con la protección social a nivel europeo, refleja el compromiso de la Unión con el bienestar de sus ciudadanos y la construcción de una sociedad más inclusiva y justa.

4. Innovación y Digitalización: La UE continúa liderando en innovación y digitalización, buscando asegurar su competitividad global en un mundo en constante cambio. El fortalecimiento del mercado digital único y la inversión en tecnologías emergentes son pruebas del impulso continuo de la Unión hacia el futuro, destacando su capacidad para adaptarse y prosperar en una economía globalizada.

Un Futuro Brillante

La Unión Europea ha demostrado, a lo largo de su historia, una notable capacidad para superar desafíos y construir una comunidad de naciones más unida y próspera. Las futuras perspectivas de ampliación y profundización de la integración europea son una continuación natural de este legado de éxito. Al avanzar hacia un futuro en el que más países se unan y la integración se profundice, la UE reafirma su compromiso con los valores de cooperación, paz y prosperidad compartida, ofreciendo un ejemplo inspirador de cómo la unidad y el entendimiento mutuo pueden transformar regiones y naciones. Con cada paso hacia adelante, la Unión Europea sigue siendo un faro de esperanza y un modelo de éxito en el ámbito global.

Reflexiones finales

Al concluir este recorrido a través del **"Derecho de la Unión Europea: Temas Selectos"**, es evidente que hemos explorado un vasto y dinámico entramado jurídico que no solo define el marco legal de una de las entidades políticas más complejas y avanzadas del mundo, sino que también refleja los principios y valores que fundamentan su existencia.

Desde sus inicios hasta convertirse en una unión económica y política influyente a nivel global, la Unión Europea ha demostrado una capacidad notable para adaptarse y evolucionar. Cada capítulo de este libro ha desentrañado aspectos cruciales del Derecho de la UE, abordando desde las estructuras institucionales hasta las políticas específicas que configuran la vida cotidiana de sus ciudadanos.

La riqueza y la complejidad del Derecho de la UE nos ofrecen un panorama detallado de cómo se entrelazan las normativas y cómo estas impactan en diversas áreas, desde la política económica y monetaria hasta la protección de derechos fundamentales y la gestión de la integración europea. La interacción entre el Derecho primario y secundario, el papel preeminente del Tribunal de Justicia de la Unión Europea, y la influencia de la jurisprudencia en la interpretación y aplicación del Derecho, son testimonio del sistema legal robusto y adaptable que sustenta a la UE.

La capacidad de la UE para enfrentar desafíos y aprovechar oportunidades se refleja en sus políticas de integración y ampliación, su compromiso con el desarrollo sostenible y la protección del medio ambiente, y su visión para un futuro más inclusivo y equitativo. La creación de un mercado interior sin fronteras, la consolidación de una política de competencia efectiva, y la promoción de derechos fundamentales son logros destacados que demuestran el éxito de una visión compartida y el poder de la cooperación internacional.

El **cierre de este libro** invita a reflexionar sobre el impacto profundo y duradero del Derecho de la UE en la vida de los ciudadanos europeos y en el contexto global. A medida que la Unión Europea sigue avanzando, con la perspectiva de futuras ampliaciones y una mayor profundización de la integración, el marco jurídico de la UE seguirá evolucionando, enfrentando nuevos retos y consolidando sus éxitos.

En un mundo en constante cambio, la **Unión Europea** se presenta como un ejemplo de cómo la cooperación y el compromiso con valores comunes pueden construir un futuro de estabilidad, prosperidad y paz. Cada desarrollo en el Derecho de la UE refleja un paso hacia un horizonte de posibilidades, donde el compromiso con la justicia, la equidad y la eficiencia sigue guiando la evolución de una unión que ha demostrado ser un faro de progreso y colaboración internacional.

Este libro ha sido una travesía por los temas selectos del Derecho de la Unión Europea, un viaje que no solo ilumina el pasado y el presente, sino que también abre la puerta a un futuro lleno de potencial. Al entender y apreciar la complejidad y el alcance de este derecho, se abren nuevas oportunidades para contribuir al diálogo y al desarrollo continuo de una Unión Europea que sigue marcando el camino hacia un mundo más integrado y justo.

BIBLIOGRAFIA

Craig, P., & de Búrca, G. (2019). EU Law: Text, Cases, and Materials (7th ed.). Oxford University Press.

Peterson, J., & Shackleton, M. (Eds.). (2019). The Institutions of the European Union (4th ed.). Oxford University Press.

Hartley, T. C. (2019). The Foundations of European Union Law (9th ed.). Oxford University Press.

Schneider, H. (2017). The EU's Decision Traps: Comparing Policies. Oxford University Press.

Barnard, C. (2017). The Substantive Law of the EU: The Four Freedoms (5th ed.). Oxford University Press.

Weatherill, S. (2015). Law and Integration in the European Union. Cambridge University Press.

Bradford, A., & Cardwell, P. J. (2017). The Structure of European Industry. Routledge.

Bellamy, R., & Child, G. (2019). European Union Law of Competition (8th ed.). Oxford University Press.

Micklitz, H. W., & Reich, N. (2016). The Political Economy of Consumer Law: A Comparative Perspective. Edward Elgar Publishing.

Deakin, S., & Koukiadaki, A. (2017). The Dynamics of European Labour Markets: Challenges and Prospects for Social Cohesion. Edward Elgar Publishing.

Whitman, R. G. (2018). The European Union as a Global Conflict Manager. Oxford University Press.

Guild, E., & Carrera, S. (Eds.). (2017). The Future of Asylum in the European Union: Problems, Proposals and Human Rights. Routledge.

Christians, A., & Vann, R. J. (Eds.). (2019). Comparative Fiscal Federalism: Comparing the European Court of Justice and the U.S. Supreme Court's Tax Jurisprudence. Cambridge University Press.

Scott, J., & Vos, E. (2017). Environmental Law and Policy in the European Union and the United States. University of Texas Press.

Drahos, P., & Braithwaite, J. (2017). Information Feudalism: Who Owns the Knowledge Economy? Routledge.

Hillion, C. (2018). External Relations and International Law in the European Union. Oxford University Press.

Tridimas, T. (2016). The General Principles of EU Law. Oxford University Press.

De Búrca, G., & Weiler, J. H. H. (Eds.). (2017). The Worlds of European Constitutionalism. Cambridge University Press.

Otros libros del autor disponibles:

- INTRODUCCION AL DERECHO MEXICANO.
- INTRODUCCION Y TEORIA DEL DERECHO CIVIL.
- INTRODUCCION AL COMMON LAW.
- DERECHO DE LA UNION EUROPEA.
- CIUDADANOS POR LA PAZ.
- DERECHO ROMANO.
- CIENCIAS DE LA EDUCACION.

www.ingramcontent.com/pod-product-compliance
Lightning Source LLC
Chambersburg PA
CBHW052303220526
45471CB00001B/468